SABINE BODE

KINDER
SIND EIN
GESCHENK,

ABER EIN
WELLNESS-
GUTSCHEIN
HÄTT'S AUCH GETAN

Besuchen Sie uns im Internet:

www.ullstein.de

Wir verpflichten uns zu Nachhaltigkeit
- Klimaneutrales Produkt
- Papiere aus nachhaltiger Waldwirtschaft und anderen kontrollierten Quellen
- ullstein.de/nachhaltigkeit

Das vorliegende Werk ist eine aktualisierte und erweiterte Ausgabe, erstmals 2016 erschienen beim Lappan Verlag, Oldenburg.

MIX
Papier | Fördert
gute Waldnutzung
FSC® C083411

Erweiterte und aktualisierte Ausgabe im Ullstein Taschenbuch
1. Auflage November 2022
© Ullstein Buchverlage GmbH, Berlin 2022
Lektorat: Oliver Domzalski
Umschlaggestaltung: zero-media.net, München
Titelabbildungen: © FinePic®, München
Satz: Pinkuin Satz und Datentechnik, Berlin
Druck und Bindearbeiten: CPI books GmbH, Leck
ISBN 978-3-548-06751-3

Für meine Mutter

(»Kind, willste 'n Bütterken?«
»Nö, bin satt.«
»Ja, wat willste denn drauf?«)

INHALT

DAS GEHT RAUS AN ALLE ELTERN

Herzlichen Glückwunsch zum Kauf dieses Buches!
Was es Ihnen bringen wird? Ehrlich gesagt: Ich weiß
es auch nicht. Wenn Sie Ihr Leben verändern wollen,
dann lesen Sie einen dieser hippen Ratgeber: Darm
mit Charme *oder* Filz für die Milz *oder auch* Nieren
mit Schlieren.

Wenn Sie Mutter oder Vater sind und dieses Buch
selbst gekauft haben, dann haben Sie es wahrschein-
lich einfach so in den Einkaufskorb geworfen. Wenn
man schon einen Parkplatz in der Stadt bekommen
hat, will man ja auch mal was Schönes kaufen, nicht
nur Dinkelstangen und Baldrian.

Vielleicht haben Sie's auch geschenkt bekommen.
Von »guten Freunden«, die meinen, dass Sie drin-
gend mal ein bisschen Aufmunterung gebrauchen
könnten, weil Sie seit der Geburt der nöligen Nach-
kommenschaft anscheinend kaum noch Spaß am
Leben haben. Diese Leute sind natürlich die längste
Zeit Ihre Freunde gewesen. Es sind dieselben, die

*einen in einer depressiven Phase überreden wollen,
doch mal auf ein Konzert von* The Cure *zu gehen.
Sie können sich rächen, indem Sie ihnen auch mal
was Fieses schenken, etwa Inka Bauses Autobiografie*
Schmalz auf unserer Haut, *Arnold Schwarzeneggers
Kinderbuch* Conan, der Barbapapa *oder einen Deko-
Frosch in Yoga-Pose.*

*Oder aber, hey, ertappt: Sie sitzen gerade in der tren-
digen Kunstlederlounge einer großen Buchkette,
schlürfen einen Milchkaffee und gucken erst mal,
ob dieses Buch was taugt, weil Sie ja ein kritischer
Konsument sind. Allerdings gehören Sie dann nicht
zur Zielgruppe der dauergestressten Erziehungsversager, die zwischen Zwieback und Zalando hin- und
herhecheln und für solche Luxuspausen gar keine
Zeit haben.*

*Wie auch immer Sie zu diesem Buch gekommen
sind, eins vorweg: Es wird Ihnen nicht viele neue
Perspektiven aufzeigen, denn mal ehrlich: Für
uns Eltern ist der Zug doch eh abgefahren. Wir
sind die, die immer ein bisschen Haferbrei auf der
Schulter haben, die nie zurückrufen und immer
sagen: »Ja, wo isser denn?«, auch wenn die
Antwort darauf klar ist: »Mutter, ich liege hier
bei 38°C im Schatten in einer nassen No-Name-
Windel, weil du mich vor genau vier Stunden
dort hingelegt hast, und jetzt fragst du mich allen
Ernstes, WO ICH BIN?«*

Wir haben keine Zeit für Freunde, Hobbys und Körperreinigung. Wenn wir im Bett eine wiederkehrende Fantasie haben, dann heißt sie »Schlafen«. Und das Tablet, für das wir immer noch kein Jugendschutzprogramm eingerichtet haben, finden wir im Kühlschrank neben der Butter.

Wenn Sie dieses Buch trotzdem lesen möchten, dann teilen Sie sich dieses Projekt am besten in kleine Schritte ein. Man muss sich überschaubare Ziele setzen, Sie kennen das vielleicht aus der Therapie. Vielleicht schaffen Sie's beim ersten Mal bis Seite fünfzehn. Und wenn Sie dann in vier bis sieben Jahren weiterlesen, wird sich vielleicht ein Hauch von Schmunzeln über Ihr schmerzverzerrtes Gesicht legen, und Sie werden sagen: »Mist, jetzt habe ich es mit der allerletzten Kraft meines ausgemergelten Körpers bis zum Ende geschafft. Ich weiß zwar immer noch nicht, was ich mit meinem verwirkten Leben anfangen soll, aber ach, es ist schön zu wissen: Andere wissen es auch nicht!

Also, tun Sie einfach mal was total Verrücktes. Sagen Sie Ihrem Kind, dass es ruhig ohne Mütze rausgehen kann, machen Sie sich beim Spielen von »Tempo, kleine Schnecke« vor Spannung in die Hose – oder lesen Sie dieses Buch. Aber damit es hinterher keine Beschwerden gibt: Sollte ich auf den folgenden Seiten jemanden beleidigen, verleumden oder durch ein kakaohaltiges Getränk ziehen, das Spuren von Nüssen enthalten kann, dann möchte ich hiermit ganz klar betonen: Ich waaar das nicht! Das war die Bonita-Florida von nebenan! Wooohl!

WAS SEID IHR DENN FÜR ELTERN?

Sie wollen jetzt allen Ernstes ein Buch lesen, statt Ihrem Kind die Lateinvokabeln in die Butterbrotdose zu ritzen oder endlich die Petition gegen den Einsatz von Weißmehl in der Schulkantine zu unterzeichnen? JA, WAS FÜR ELTERN SIND SIE EIGENTLICH? Finden Sie es heraus.

DIE AMBITIONIERTEN

BESONDERE MERKMALE: Mitglied in der Eltern-initiative »Abi in 6 Jahren«, Besuch der bilingualen Krabbelgruppe »Little Devils«

BELIEBTE VORNAMEN: Albert, Alfred, Amadeus

KINDERZIMMERAUSSTATTUNG: Teststation zur Schmelztemperatur von Transformerfiguren in der Forscher-Ecke, Billy-Regal mit der gesamten Encyclopedia Britannica

LIEBLINGSURLAUBSZIEL: Spielplatz hinter dem Massachusetts Institute of Technology

SCHÖNSTER MOMENT: Als Isaac den Wettbewerb »Jugend forscht« gewann – mit einem Vorschlag zur Umfunktionierung der Region um Fukushima als Jochen-Schweizer-Wellness-Resort

KLINGELTON: Beethovens 5. Symphonie

TYPISCHER SATZ: »Du hast schon wieder 'ne Eins minus? Tja, Pech. Das geht vom Taschengeld ab.«

DIE FAIR-TRADE-ELTERN

BESONDERE MERKMALE: Können Wind of Change auf der pentatonischen Holzflöte pusten, setzen ausgekämmte Nissen zur artgerechten Haltung im Freiland aus

BELIEBTE VORNAMEN: Walburga, Kriemhild, Jolante

KINDERZIMMERAUSSTATTUNG: Weidenkörbchen mit Hanffutter als Schlafecke, Barbiepuppen aus Holzstöcken mit Basthaaren und Filzbikini

LIEBLINGSURLAUBSZIEL: Garten hinterm Haus (beste Ökobilanz)

SCHÖNSTER MOMENT: Als wir trotz der selbst gebastelten Verhütertütchen aus Märchenwolle schwanger wurden

KLINGELTON: Gänsehaut: Karl, der Käfer

TYPISCHER SATZ: »Ihh, an dem Kaffee klebt das Blut kolumbianischer Waisenkinder!«

DIE QUARTZ-4-ELTERN

BESONDERE MERKMALE: Können einhändig Windel wechseln – die andere Hand kreist derweil überm Aschenbecher

BELIEBTE VORNAMEN: Cheyenne-Melody, Kodi, Sydney-Savannah

KINDERZIMMERAUSSTATTUNG: Durchdachtes Farbkonzept in Beige und Creme mit raffinierter Stuyvesant-Optik, Verkehrsteppich von Poco-Domäne mit Brandflecken, original Pappaufsteller vom HB-Männchen

LIEBLINGSURLAUBSZIEL: Marlboro Country

SCHÖNSTER MOMENT: Als die Kinder unterm Weihnachtsbaum riefen: »Boah, krass, Alter, 'ne Eins-a-Dunstabzugshaube!«

KLINGELTON: Deep Purple: Smoke on the water

TYPISCHER SATZ: »Wer nicht raucht, ist feige.«

DIE HELIKOPTERELTERN

BESONDERE MERKMALE: Lichtschutzfaktor 40 bis November, Neonwarnwesten auch im Hochsommer, Klassenpflegschaftsvorsitzende und -stellvertreter in einem

BELIEBTE VORNAMEN: Lennard, Carl, Mia-Sophie

KINDERZIMMERAUSSTATTUNG: Überwachungskameras in der Playmo-Ecke und überm Bettchen, Feuerlöscher, Rauch- und Rotzmelder

LIEBLINGSURLAUBSORT: Alcatraz

SCHÖNSTER MOMENT: Als das *Iris-Scanner-System* für alle registrierten Spielkameraden an der Haustür fachgerecht installiert war

KLINGELTON: Nicole: Flieg' nicht so hoch, mein kleiner Freund

TYPISCHER SATZ: »Hast du Handschuhe, Mütze, Schal, Versicherungskarte? Es ist ein weiter Weg bis zur Mülltonne!«

DIE KUMPEL-ELTERN

BESONDERE MERKMALE: Finden es total wichtig, dass jeder »örgendwie« 'n Stück Kind bleibt

BELIEBTE VORNAMEN: Michel, Astrid, Madita

KINDERZIMMERAUSSTATTUNG: Selbst gebaute Villa Kunterbunt aus Kiefernholz, 4 x 8 Meter Wandfläche zur freien Gestaltung mit Alnatura-Schokonusscreme, schwenkbares Piratenfernrohr mit direkter Fokussierung auf die Wohnküche von Familie Settergren, wo man prima Einrichtungstipps für den Scandic-Living-Look abgreifen kann

LIEBLINGSURLAUBSZIEL: Lummerland, Kirrin Island, Saltkrokan

SCHÖNSTER MOMENT: Als Tjorven das erste Mal sagte: »Du, ich finde es örgendwie nicht okay, dass ihr abends so Politscheiße guckt, lass doch mal gucken, was so auf Youporn läuft.«

KLINGELTON: Queen: Friends will be friends

TYPISCHER SATZ: »Du bist ein bisschen Mama, ein bisschen Papa und gaaanz viel Wunder!«

WIE WIR UNS SCHON VOR DER GEBURT VERRÜCKT MACHEN LASSEN

SCHÖN SCHWANGER? SCHEISS DRAUF!

Manche Frauen merken es daran, dass sie im Supermarkt in Tränen ausbrechen, weil das Lieblingsshampoo nicht da ist. Andere verspüren auf einmal ständig Heißhunger: auf Grünkohl, auf Sex oder auf beides gleichzeitig. Klarer Fall: schwanger. Und was ist dann die erste Amtshandlung? Man holt sich natürlich Berge von Ratgeberliteratur: »Das Schwangerschaftsbuch«, »Das andere Schwangerschaftsbuch« oder »Das ganz andere Schwangerschaftsbuch«. Und überall steht dasselbe drin: Diese neun Monate seien die wundervollste und intensivste Zeit des Lebens, ein mystisch aufgeladener Ausnahmezustand, in dem die Frau rosige Bäckchen bekommt, einen milden Blick und sich weiblicher fühlt als Harald Glööckler und Jorge González zusammen.

Ich frage mich nur eins: Warum bekommt man die feierliche Botschaft, dass man in den erlauchten Kreis der Gebärenden aufgenommen ist, nicht bei Sonnenaufgang von einer zierlichen Elfe zugeflüstert,

sondern liest sie von einem vollgepissten Papierstreifen ab? So geht's doch schon los!

Mit der Schwangerschaft ist es offenbar ein
bisschen wie mit der Joghurt-Werbung: Im fröhlich-
bunten Fernsehspot hüpfen immer taufrische Him-
beeren jauchzend in eine strahlend weiße Creme, aber wenn man die Sorte dann kauft und den
Deckel aufreißt, lauert darunter nichts als dunkel-
rote Pampe mit Rote-Bete-Farbstoff und labberigen
Biomasse-Stückchen. In den Schwangerschafts-
ratgebern sehen wir als Erstes Bilder eines topfitten
Models mit der Andeutung eines kleinen strammen
Bäuchleins. Zuversichtlich lächelnd steht die kern-
gesunde Bald-Mum im Türrahmen und hält einen
Strang Weintrauben hoch, nach denen sie sich lüstern
reckt. Darunter steht dann so was wie »Gönnen Sie
sich einen Vitamin-Kick«. Ich wüsste nicht, wozu die
Frau auf dem Bild einen Vitamin-Kick bräuchte. Wenn
man die Fotostrecke weiterverfolgt, ist anscheinend
das Anstrengendste, was die heute schon gemacht
hat, auf einem Pezziball zu sitzen und sich von ihrem Mann den Nacken massieren zu lassen. Wenn
jemals in irgendeinem Ratgeber ein ehrliches Foto
veröffentlicht würde – zum Beispiel eines von mir
im neunten Monat, auf dem ich im *Homewear-Out-
fit* (Blähdeutsch für eine ausgeleierte Joggingbuchse)
mit Ödem im Bein, Doppelkinn, roten Striemen auf
dem Bauch, Kompressionsstrümpfen und einem XXL-
Eimer vom *Mövenpick-Eis des Jahres* (»Sellerie«) auf
der Couch hänge und die komplette Serie *Timm Tha-
ler* durchgucke: Die Überbevölkerung würde unseren

Planeten ab sofort nicht weiter bedrohen, weil alle Betrachter augenblicklich ihre Fortpflanzungsversuche abbrechen würden.

Noch schlimmer als diese Ratgeber sind die verschiedenen Stationen des Leidenswegs, an denen sich live und wahrhaftig das Grauen des Kommenden zusammenbraut.

Auf Platz 3 im offiziellen Ranking des Trächtigkeitsterrors: GEBURTSVORBEREITUNGSKURSE. Da trifft man sich mit anderen Leuten, die auch bald Kinder kriegen. Genauso gut könnte man eine Interessengemeinschaft mit Menschen bilden, die auch einen Opel Corsa fahren, die auch schon mal in Hamburg waren oder die auch den Film *Titanic* gesehen haben. Mit Sicherheit gäb's da genauso viele Punkte, über die man sich mal austauschen könnte. Da sitzen sie dann, die ganzen Bilderbuchmuttis, die offenbar nur schwanger geworden sind, damit sie sich einen süßen Schutzumschlag für den Mutterpass filzen können. »Ja, hallo, ich bin die Frauke, das ist der Thorsten, und wir freuen uns schon total auf unseren Malte.« Da liegt es einem doch auf der Zunge: »Ja, hallo, ich bin die Sabine, war ein Unfall, aber da müssen wir jetzt durch.« (Warnung: Wer so was äußert, wird gerne ausgewählt, um die genaue Technik des Senkwehen-Wegatmens im Vierfüßlerstand zu demonstrieren!)

In diesen Kursen wird einem auch schlagartig klar, dass es zwei Arten von Schwangerschaftsmode gibt. Die eine heißt: Einfach ein luftiges Baumwollleibchen drüberziehen, Hauptsache bequem, auch wenn man aussieht wie Mutter Beimer im Wasserbüffelkostüm (auch bekannt als das »Bode-Prinzip«). Die andere Methode wird anscheinend von ALLEN anderen praktiziert und heißt: Hallo, Welt, das ist mein durchtrainierter Körper und das meine kleine stramme Kugel, die ich mit knappen Tanktops auch noch frech und selbstbewusst betone, und ich schrecke auch nicht vor lächerlichen T-Shirt-Beflockungen zurück wie »Wenn's wehtut, bleib ich einfach schwanger« oder »Zu viel geschmust«. Anscheinend gehen da außer mir nur potenzielle Kandidatinnen für *Germany's Next Top Model* hin, die vor keiner Challenge zurückschrecken würden, am wenigsten vor: »Bringe an einem Seil aus dem Hubschrauber über dem Grand Canyon baumelnd Zwillinge zur Welt, und stelle sicher, dass du beim Wiedereinstieg in die Kabine wieder dein Ausgangsgewicht hast!«

Und wächst die Wölbung dann heran, wird das Ganze noch zu einer hauptberuflichen Basteltrulla gerollt, die dann für einen halben Monatslohn einen Pappmaschee-Abdruck vom »Mamabauch« macht, der anschließend im Wohnzimmer neben das Poster mit den frühstückenden Bauarbeitern in New York gehängt wird.

Die ganzen neun Monate beschleicht einen ein fieses Gefühl – und zwar nicht nur, weil man ständig ein Büchlein mit sich führen muss, das die eigene Gewichtszunahme dokumentiert. Fast noch schlimmer ist es, dass alle um einen herum immer total tolle Tipps für einen parat haben. »Du musst dich jetzt schonen!« (»Okay, danke, dass du mir beim Umbau helfen willst!«), oder: »Du darfst jetzt nicht mehr fliegen!« (»Okay, dann trampe ich eben nach Malta ...«), oder auch: »Deinen Jack-Daniel's-Konsum solltest du jetzt ein wenig bewusster gestalten.« Die allerbesten Ratschläge haben natürlich die Kinderlosen, und sie werden sie auch noch äußern, wenn sich aus dem undefinierbaren Klumpen im Bauch ein Geschöpf gebildet hat, das sich an der Supermarktkasse auf den Boden schmeißt und kreischt: »ICHWILLABBAHUB-BABUBBA!«, während man selbst danebensteht und wartet, bis es vorbei ist. »Müssten Sie jetzt nicht langsam eingreifen?« – »Nein, müsste ich nicht. Oder pusten Sie zu Hause auch auf Ihre Petersilie, damit sie schneller wächst?«

Auf Platz 2 des Hormonterrors: die **HEBAMME**. Das sind diese immer gütig lächelnden Kreaturen in Gesundheitsschuhen, die immer ein bisschen nach Kräutertee und Penatencreme riechen und einen an der Praxistür begrüßen mit: »Hallo. Ich bin die Huldine, und ich habe den schönsten Beruf der Welt!« (Glaube ich kaum, Achterbahntester oder Microsoft-Gründer zu sein macht bestimmt mehr Bock). Oder sie kommen mit einem so großen Lederkoffer ins Haus, dass man sie am besten gleich zum tropfenden Wasserhahn schicken möchte. Aber nein, in ihrem überdimensionalen Reisetäschchen haben sie ein Baumwollpüppchen, anhand dessen sie einem dann die sanften Wege ins Leben veranschaulichen: »Möchten Sie die Wassergeburt, den Gebärhocker oder das Romarad?« Hallo, ich will ein Stück Fleisch rauspressen und nicht den ersten Preis bei den Zirkusfestspielen in Monte Carlo gewinnen! Soll ich vielleicht noch mit Feuerkeulen da unten rumleuchten, damit ihr besser sehen könnt? Mir ist die Art der Geburt grundsätzlich egal. Hauptsache, man hat einmal im Leben das geile Gefühl, in nur drei Stunden acht Kilo Gewicht zu verlieren. Ganz moderne Hipster-Hebammen konfrontieren einen darüber hinaus auch noch mit der ekligsten aller Fragen, die die Schwangerschaft zu bieten hat. Nein, nicht: »Wie soll's denn heißen?«, sondern: »Möchten Sie Ihr Nabelschnurblut einlagern?« Allein die Vorstellung! Wo bewahrt man das auf? Neben dem Buttergemüse im Tiefkühlfach? So nach dem Motto: »Schatz, haben wir noch etwas Bolognese da? Ja, sieht noch gut aus, aber wieso steht da Melvin drauf?« Und vor allem: Wozu braucht man das? Kommt später mal ein schreiender Dreijähriger mit blutverschmiertem Knie aus dem Garten reingelaufen, und ich sage dann: »Oooooch, ist nicht so schlimm, wir schmieren dir ein bisschen rote Zaubersalbe drüber!«?

Hat man die Mutter Teresa des Himbeerblättertees erst mal überstanden, folgt auf Platz 1 der amtlichen Hormon-Horrorskala natürlich der Besuch beim **FRAUENARZT**. Als reiche es zur Erniedrigung nicht aus, dass die Sprechstundenhilfe einem erst mal ein Glas Wasser bringt, wenn man die Treppen in den ersten Stock geschafft hat, man wird auch gleich als Risikoschwangere eingestuft, wenn die Oma mütterlicherseits eine Nachbarin mit Diabetes hatte oder man vor sieben Jahren mal eine Packung Havannazigarren als Geschenk für Onkel Jupp gekauft hat. Man fühlt sich nicht mehr als Frau, sondern als Gefahrguttransport mit potenziellem Eisenmangel und Zahnfleischschwund. Und man lernt schon im Wartezimmer, dass das HELLP-Syndrom nicht von den Beatles ist, Ringelröteln nicht das diesen Herbst angesagte Muster sind und es für Chlamydien keine passende Vase gibt. Und dann kommt obendrauf ohne Samthandschuhe, dafür aber mit dem Holzhammer der Satz: »Das hier ist Juan, unser chilenischer Praktikant. Sie haben doch sicher nichts dagegen, dass er mal ein bisschen reinschaut?« Nie hatte der Begriff »im wahrsten Sinne des Wortes« einen unangenehmeren Beigeschmack. Oder, wie ich leicht irritiert durch die ganze Praxis schrie: »Watt denn, noch keine Haare am Sack, aber der Mutti mitten auf das mystische Tal der Fruchtbarkeit starren wollen? Der hat doch selbst noch Käseschmiere im Nacken, der Bengel! Ich kann so nicht arbeiten!«

Am besten, man setzt sich während der gesamten Tragezeit Scheuklappen und Kopfhörer auf. Den allerwichtigsten Tipp findet man in Ratgebern und Baby-Kursen sowieso nicht. Der heißt nämlich: »Finden Sie denjenigen, der Ihnen zum Kauf einer Mama-Jeanslatzhose geraten hat, und töten Sie ihn!«

WARUM DIE AUSWAHL DES BETREUUNGSPERSONALS SO SCHWIERIG IST

QUALITÄTSZEIT FÜR EINE HANDVOLL DOLLAR

Kaum ist die Geburt geschafft, steht das nächste Problem vor der Tür: Das Kind kooperiert nicht. Verweigert Körperhygiene und hat doch arge Probleme, seinen Tag zu strukturieren.

Und so haben heutzutage anscheinend viele Eltern direkt nach der Entbindung einen Wellness-Urlaub nötig. Wie sonst ist es zu erklären, dass diese sauteuren Familienhotels mit dem Satz »Kompetente Betreuung für Kinder ab der ersten Lebenswoche!« werben? Wie soll das aussehen? »Conzuela, gucken Sie mal, das ist der Levin, der hat noch so 'n bisschen Nabelschnur da hängen, das schneiden Sie bitte gleich einfach durch, ich muss dann jetzt zum Power-Zumba!«?

Und auch, wer seinen Nachwuchs erst dann in kompetente Fremdhände geben will, wenn eine stabile Beziehung zum Brüllklumpen hergestellt ist (also ab der zweiten Woche), darf nicht wählerisch sein:

Babysitter, Nachbarsjunge, Aushilfsoma oder auch ein Passant. Dann steht eben um halb acht ein verwahrloster Schwermetaller im Slayer-T-Shirt vor der Tür, oder ein schnauzbärtiger sibirischer Schiffschaukelbremser mit zweifelhaften Referenzen (»Sergeich chat in Taiga schon auf zweijährige Chalinka aufgepasst und chihr beigebracht Schießen in Galopp!«). Ganz egal – Hauptsache, Papa und Mama haben mal ein bisschen Quality Time.

Mit Kusshand nehmen wir auch die Studentin mit der wagenradgroßen Nerdbrille, die eine Heilpädagogik-Zusatzausbildung hat und das Baby schon beim Wickeln auf KiSS-Syndrom, ADHS und Alzheimer untersucht – für vierzehn Euro fünfzig die Stunde. Das ist es wert. Hauptsache, wir können mal in Ruhe einkaufen gehen. Herrlich! Einmal bei *dm* in Ruhe an Pröbchen schnuppern, ohne dass ein kleiner Terrorzwerg aus dem Inhalt von Waschpulverkartons und Selbstbräuner-Testtuben eine Pop-Art-Collage anfertigt. Mal nicht durch den Supermarkt hetzen, sondern in Ruhe im dortigen Tchibo-Regal nach Funktionssocken oder Duftstäbchen stöbern. Oder mal ungestört wieder »was mit Freunden« machen. Denn was gibt es Schöneres, als samstags abends in einer fettigen Nachowolke zu sitzen, einen schlecht synchronisierten Action-Thriller zu sehen und dabei alle 10 Minuten dem Babysitter zu texten: »Ersatzschnuller sind in der Wickelkommode!« – »Beim Ohrthermometer immer eine frische Plastikkappe aufsetzen!« – »Sie will nicht schlafen? Dann einfach so lange um den Esszimmertisch Fangen spielen, bis sie umfällt!«

Oder man entscheidet sich für eine dieser »liebevollen Tagesmütter«, die im Kleinanzeigenteil der Wegwerfzeitung behaupten, »noch einen Platz frei« zu haben. Sehr zweifelhaft, das Ganze, denn alle liebevollen Tagesmütter sind bekanntlich die nächsten 27 Jahre ausgebucht. Man bringt das Kind also im Morgengrauen zu einer resoluten Mittfünfzigerin, die »ja keine Aufgabe mehr hat, seit der Heinz gestorben ist«. Sie hat im Garten eine Schaukelattrappe und einen fünf Meter tiefen Pool außer Sichtweite und versichert, dass sie trotz ihres Hüftschadens immer ganz schnell bei den zwölf anderen Kindern im Garten ist, wenn mal was sein sollte.

Die Luxusvariante: Man holt sich ein Au-pair ins Haus. Die 18-jährige blonde Schwedin, die Papa ausgesucht hatte, muss dann leider, leider in letzter Minute absagen, dafür kommt eine kompakte russische Hammerwerferin namens Olga. Die beschwert sich aber dann bei ihrer Agentur, dass das WLAN nicht flächendeckend funktioniert, und verklagt die Familie wegen unzumutbarer Arbeitsbedingungen: Kinder ins Hochparterre schleppen gehöre nicht zu ihren Aufgaben.

Schlaue Mütter melden sich in einem Fitnessstudio mit Kinderbetreuung an und geben ihr kleines Bündel Elend dort für anderthalb Stunden ab, während sie vorne im Lounge-Bereich Sprudel mit Waldmeistergeschmack trinken und Löcher in die Luft starren. Und es ist auch kein Zufall, dass in einem schwedischen Möbelhaus schon Hinweisschilder gesichtet wurden, die forderten: »Bitte geben Sie Ihre Kinder nur im *Småland* ab, wenn Sie auch bei uns einkaufen gehen!« Alles, was nach 22 Uhr nicht abgeholt wurde, wird dort wahrscheinlich bald als Modell *Gør* an kinderlose Einkäufer ausgegeben – vorausgesetzt, es passt farblich zum *Ektorp*-Sofa.

Man könnte natürlich auch die ganz harte Nummer durchziehen und das Kind alleine zu Hause lassen. Oder noch schlimmer: Oma und Opa fragen. Das macht man aber nur, wenn man einen ganz doll wichtigen Termin hat, der sich nicht aufschieben lässt, etwa Scheidung, Zeugenaussage vor Gericht oder Farbberatung. Denn wenn Oma und Opa vor der Tür stehen, schrumpft die eigene Erziehungskompetenz auf die Größe eines Ohropax-Döschens: »Ja, kooooomm mal her, mein Schatz, Oma hat dir Wirsingstampf mit frischen Kartöffelchen mitgebracht, so was gibt's bei euch doch sonst nicht.« (Doch, wir nennen es Durchfall.) Oder: »Hat dir die Mama wieder kein Unterleibchen angezogen? Mensch, so warm ist es doch nicht.« (Stimmt, nur 28 °C!)

Dann werden die Mitbringsel ausgepackt: ein neues Meerjungfrau-Glitzer-T-Shirt, das eindrucksvoll nach einer indischen Chemiefabrik riecht (»Nur zwei neunundneunzig, und übernächsten Sommer passt es bestimmt!«), drei Säcke matschige Kastanien (»Da kannst du morgen lustige Männchen basteln, wenn Mama eine Anleitung auf YouTube findet!«) und eine Konfettikanone (»Die lässt du aber erst morgen los, Oma kann sich nicht mehr so gut bücken zum Auffegen!«).

Immerhin gibt es einen todsicheren Trick, um das Betreuungspersonal auf seine Tauglichkeit zu überprüfen. Ein echter Kompetenzbeweis ist es, wenn der Aufpasser uns zur ausgemachten Zeit auf dem Handy anruft, während wir gerade bei Leidensgenossen am Wohnzimmertisch zwischen Oriental Chips und Käsespießchen in einem Grenzzustand zwischen gespieltem Interesse und Lethargie stammeln: »Wer gibt mir zwei Lehm für drei Schafe?« Dann reagieren wir mit oscarverdächtig einstudierter Empörung: »Wie, du weißt nicht, wo der Feuerlöscher steht?«, packen routiniert unsere Sachen und flöten den verdatterten Gastgebern entgegen: »Manchmal müssen Eltern eben tun, was Eltern tun müssen. Ach ja, und den Nudelsalat nehmen wir gerne direkt wieder mit, sonst kriegen wir die Schüssel sicher nie wieder.«

WIE ANDERE ERKENNEN, WAS WIR EIGENTLICH SAGEN WOLLTEN

ELTERN SAGEN	ELTERN MEINEN
Ich zähle jetzt bis drei!	Ich zähle mindestens noch bis 237.
Wie heißt das Zauberwort?	Sach »danke« oder es knallt!
Sollen die beiden bei uns spielen oder bei euch?	Bei euch!
Wann kommst du nach Hause?	Habe ich vorher noch Zeit, deine Ritterburg bei eBay reinzusetzen?
Ich wünsche dir eine wunderschöne Sternennacht.	Döppen zu, sonst kommt der Bullemann.
Mami und Papi möchten jetzt gerne ein wenig alleine kuscheln.	Schau dir von mir aus »Terminator 1–8« an, Bier steht im Kühlschrank, wenn die Kippen alle sind: Schlüssel hängt am Haken, Kupplung langsam kommen lassen und Vorsicht an der Ausfahrt von Kellermanns.

ELTERN SAGEN	ELTERN MEINEN
Bist du stolz auf dein Geschwisterchen?	*Kannst du auch. Es ist viel lieber als du.*
Ich komme gleich!	*Lies doch inzwischen schon mal die »Buddenbrooks« in der historisch-kritischen Ausgabe.*
Nein heißt nein.	*Jetzt aber wirklich nur noch 12 Schokoküsse. Höchstens.*
Also, irgendwie fand ich das jetzt nicht in Ordnung von dir.	*Wollen wir mal antesten, wie dein Zauberpony mit angekokelter Mähne aussieht?*
Nein, wir sind noch nicht da.	*Frag noch mal, und wir binden dich aufs Autodach.*
Sollen die beiden bei uns spielen oder bei euch?	*Bei euch!*
Du bist ein undankbares, hinterlistiges, asoziales Wesen, und ich schäme mich, deine Mutter zu sein.	*Du bist ein undankbares, hinterlistiges, asoziales Wesen, und ich schäme mich, deine Mutter zu sein!*

WARUM ELTERN-KIND-TURNEN EINEM DEN REST GIBT

BETREUTES KLATSCHEN

Spät gebären ist richtig schön. Man ist beruflich gesettelt, finanziell unabhängig, und der Körper ist eh schon im Eimer. Aber Obacht, liebe Sandwich-Mums zwischen Buggy und Rollator und potenzielle Eizellen-Einfriererinnen: Zu den schmerzlichsten Gründen, aus denen man die Entscheidung »erst Karriere, dann Kackwindeln« bereuen könnte, gehört zweifelsfrei eine Nahtoderfahrung namens Eltern-Kind-Turnen. Ich will gerne darlegen, warum es für mich an einem ansonsten tadellosen Dienstagnachmittag nichts Schlimmeres gibt, als wenn eine Dreijährige ihren Turnbeutel schwingt und »Hänghuhu« ruft. Denn »Hänghuhu«, das bedeutet, wie alle wohlmeinenden, an der Leibesertüchtigung ihrer Kinder auch nur entfernt Interessierten wissen: »HÖRT GUT ZU, HÖRT GUT ZU, JETZT KOMMT DAS SINGENDE KÄNGURU!«

Was sich nach Erklingen dieser Ohrenpest allwöchentlich in einer 1958 versuchsweise schallgedämmten Schulturnhalle mitten in Deutschland dienstags von 15:30 bis 16:45 Uhr abspielt, wenn nicht nur bunte PVC-Bälle, sondern auch sämtliche Menschenrechte mit Füßen getreten werden, das will ich mit einem kurzen Flashback zum vergangenen Dienstag erläutern: Ich befinde mich unvermittelt in einer Heerschar von motivierten Jungmuttis, die man am liebsten fragen würde: »Hä? War das ein Unfall? Hat der Vater überhaupt schon den Grundschulabschluss?«, jenen Bebe-Young-Care-Fratzen, die ohne Rücksicht auf versagende Bügel-BHs in dicke Matten hopsen und einwandfrei als MILF durchgehen, während ich offenbar schon in den Kreis der GIWDTH aufgenommen wurde – also der *Grandmother I wouldn't even dream of touching if I was half-dead.* Dazwischen kauere ich, Mutter eines dreijährigen Kindes, mit meiner mittlerweile fünf Jahre andauernden postnatalen Depression, deutlich außerhalb des abgeblätterten Mittelkreises auf dem Hallenboden und lasse meinen trüben Gedanken freien Lauf: *Wer jetzt keine Matte hat, der holt sich keine mehr. Wer jetzt alleine ist, der wird es lange bleiben.*

Da ertönt auch schon die Stimme der Übungsleiterin, einer igelfrisurigen, frettchengesichtigen Dreikäsehoch-Domina namens Beate, die in einer ekelhaft motivierenden Tonlage und in einer Lautstärke, dass man sie auch direkt neben der Spaceshuttle-Abschussrampe von Cape Canaveral noch hören würde, ohne Rücksicht auf reife Mütter wie mich schreit: »So, wir hüpfen jetzt alle mal auf einem Bein im Slalom durch den Pylonen-Parcours!« Genauso gut hätte sie mir auch eine Schüssel Kartoffelsalat reichen können, damit ich daraus die Freiheitsstatue modelliere. Aber Brutalo-Beate kennt keinen Widerstand. »Na,

Sabine, schon etwas länger her, deine letzten sport-
lichen Wettkämpfe, was?«, pflaumt sie mich von der
Seite an, während sie mit 40 km/h dribbelnd auf den
Basketballkorb zurennt. »Ja, damals bin ich noch
Wagenrennen gefahren«, fauche ich zurück und
versuche, aus dem von mir seit 20 Minuten vorge-
gaukelten Zustand des Schuhezubindens wieder in
die stehende Position zu kommen.

Und Big Beate zieht das volle Programm durch:
Entengang, Fischer, Fischer, simuliertes Fahrradfah-
ren zu den infernalischen Klängen von Volker Rosin,
der schnauzbärtigen Fratze des Kinder-Dudel-Pops.

»Auf, auf, da hinten werden noch Helfer für die
Medizinball-Jonglage gesucht!«, flötet mir Sporty-
Spice-Beate entgegen, als ich immer noch radelnd
auf dem Rücken liege, obwohl schon seit einer Viertelstunde das Freispiel läuft. Danach scheucht sie
Kinder und Eltern rücksichtslos eine an der Wand
befestigte Holzwand hoch, als hätten wir noch alle
unsere Originalkniegelenke. Auch dass ständig jemand »Ich muss Pipiii!« ruft, ignoriert sie souverän.
Manchmal sagt sie aber auch: »Ja, dann gehen Sie
doch einfach, Frau Bode!«

Es folgt der bisherige Tiefpunkt meiner Karriere
als späte Mutti. Auch wenn ich schätzungsweise 17
bis 23 Jahre näher an der Geriatrie bin als der Rest der
Bübchen-Creme-Mamas, so will ich trotzdem nicht,
dass erwachsene Menschen in diesem Ton geisti-
ger Windstille mit mir reden: »Schaut ihr mal bitte
alle her! Jeremirayah! Roxiana! Shanita! Ich bin das
Füüüßchen Tuuunichtgut und ich das Füüüßchen

Üüübermut! Tuuunichtgut und Üüüübermut gingen auf die Reise. Waaaten durch die Süüüümpfe, nass sind Schuuuuh und Strüüümpfe ...«

Diese Zeilen mitsprechen zu müssen, als gelte es, den alljährlichen Vokaldehnungswettbewerb in Solingen-Ohligs zu gewinnen, und dabei mit debilem Grinsen in großen Storchenschritten über den apfelsaftgesprenkelten Hallenboden zu waten lässt meinen gesamten Körper vor Angst- und Peinschweiß kleben. Das ist eindeutig die Vorstufe zu: »Schwester Ina, bringen Sie der Frau Bode doch mal ihr Tai Ginseng, und stellen Sie ihr schon mal den *Landarzt* an!«

Kampfturnerin Big B. findet das natürlich genau den richtigen Moment, um fröhlich zu rufen: »So, wir fassen uns nun alle an den Händen und machen ein Kreisspiel.«

Wenn man mich fragt, dann sollten junge blühende Menschen in weißen Flatterhemden sich nur dann an die Hand nehmen und rhythmische Gesänge anstimmen, wenn sie in Guatemala kollektiven Sektenselbstmord verüben wollen.

Und dann braut er sich wieder Unheil verkündend über unseren schwitzenden Köpfen zusammen, der unvermeidliche Showdown: die Weltraummaus! Jenes sinn- und verstandfreie Sedativum mit der Batterie-rie-rie für Energie-gie-gie, dem Mikrofon-fon-fon für den Ton-Ton-Ton, dem Raumanzug-zug-zug für den Flug-Flug-Flug ... aber leider keiner Zwangsjacke-ke-ke für Beate-te-te!

Ich setze mich apathisch auf die Holzbank und warte darauf, dass Jack Nicholson mit einer Axt die vermoosten Schulturnhallenglasbausteine durchschlägt und »Here's Johnny!« ruft. Stattdessen höre ich nur: »Gehört das Ihnen?« Es ist die Stimme der Reinigungsfachkraft, die mit der Gelassenheit der Unterbezahlten versucht, den allgegenwärtigen Pipigeruch notdürftig mit Meister Proper zu übertünchen. Sie meint wohl das Kind, das alleine in der leeren Umkleide hockt und einen Stoffteddy an sich drückt, als sei es bei einem Spendenaufruf-Shooting.

Als ich wieder zu mir komme, sehe ich über mir im Uhrzeigersinn meine Mutter, meinen Hausarzt, meinen Psychiater und Big Beate, die eine Axt schwingt, und alle rufen mit irrem Blick: »Komm nur, Sabiiiieeene, nächste Woche ist die groooße Vooorführung der Eltern-Kind-Gruppe auf dem Sooommerfest! Da bist du bei der Kika-Tanzalarm-Choreo in der eeeersten Reihe!«

»Vielleicht findet sie in unsere Welt zurück, wenn sie etwas Vertrautes hört«, vernehme ich kurz darauf weit weg die Stimme eines Mannes in weißer Kleidung und Stethoskop um den Hals. Daraufhin erschallt aus dem CD-Player des Krankenwagens zum hopsenden Beat: »Hört gut zu, hört gut zu, dem singenden und springenden KÄNGURU!« Ich greife dem Mann in den Arztkoffer, befülle eine Spritze mit Diazepam, jage sie mir in die Armbeuge und verabschiede mich in einen erholsamen Schlaf. Das Blitzen des Fotofritzen von der Lokalzeitung nehme ich nur noch von gaaanz weit weg wahr. Aber die Titelstory vom nächsten Tag mit der Überschrift »Verschollen geglaubtes Bildnis ›Der Schrei‹ von Edvard Munch in Bochumer Grundschulturnhalle wiederentdeckt!« hängt jetzt am Kühlschrank, direkt neben der Notfallnummer, unter der ich meinen Betreuer jetzt Tag und Nacht erreichen kann.

WIE MAN DEN RICHTIGEN KINDERGARTEN ERKENNT

DER GROSSE KITA-CHECK

Die Wahl der geeigneten Kita ist nicht leicht. Für erfahrene Eltern kommt es dabei vor allem auf die richtigen Prioritäten an.

- Die Öffnungszeiten sind von 6.00 bis 23.00 Uhr.

- Das Kitapersonal weist morgens in Warnwesten die ankommenden SUVs ein.

- Vor dem Eingang gibt es einen Stand mit Kaffee, Brötchen und Prosecco für die Mütter.

- Nach 10.00 Uhr ankommende Kinder können einfach über den Zaun geworfen werden.

- Das frisch zubereitete Mittagessen ist auch für Linkshänder geeignet.

- Nach jeder Mahlzeit fertigen die Erzieherinnen einen Zahnstatus an. der direkt an den behandelnden Arzt übermittelt wird.

- Vor Kindern mit erhöhtem Aggressionspotenzial wird Ihr Kind durch einen Sicherheitsabstand von 50 Metern geschützt.

- Das gebastelte Tagwerk wird von den Erzieherinnen einmal kurz wertschätzend zur Kenntnis genommen und dann wahlweise vom Praktikanten mit dem Pick-up zur Oma nach Hause gebracht oder sofort verbrannt.

- Bei der Aufsicht der Mittagsruhe stricken die Mitarbeiterinnen für Sie bunte Patchworktaschen nach Ihren Designvorgaben.

- Beim Laternenumzug werden Pferd und Reiter von den Erzieherinnen dargestellt, damit die Kinder nicht wieder durch die Kacke latschen.

- Kinder, die die deutsche Sprache noch nicht beherrschen, werden speziell gefördert. Kinder mit Migrationshintergrund auch.

- Der Nikolaus hat in seinem Geschenksack glutenfreie Nussplätzchen ohne Nüsse sowie für jedes Kind ein Fläschchen Pfefferspray.

- Erzieherinnen sind für wichtige Angelegenheiten Tag und Nacht ansprechbar – zum Beispiel, wenn Ihr Kind nicht *den* Teddybär als Garderobenhaken will, sondern lieber das Eichhörnchen.

- Die Abschlussfahrt geht in die Karibik – vorausgesetzt, Kokosmilch ist nachweislich laktosefrei.

WIE WIR DEN HAUSHALT (NICHT) IN DEN GRIFF KRIEGEN

DEKO-EULEN NACH ATHEN

Manchmal surft man im Internet auf Seiten und weiß nicht, wie man dort hingekommen ist. So wie man oft nicht weiß, wie folgende Dinge alle in die Obstschale gekommen sind: Kleingeld, Fahrkarten, Ladekabel, Kontoauszüge, Schlüssel, Briefmarken, Treuepunkte, Büroklammern, Speicherkarten, Protokoll Klassenpflegschaftssitzung, Sanifair-Gutscheine, Zopfgummis, Einkaufswagenchips, tic tacs und die Nachbarskatze.

Wie durch ein Wunder gelangte ich neulich auf eine Internetseite, die mir so fremd war wie Uli Hoeneß das Formblatt »Anlage Kapitalsteuererträge«: den Blog von Frollein Ordnung. Sie schreibt Dinge wie: »Ich liebe es, wenn ich aus dem Urlaub nach Hause komme und die Wäsche fein säuberlich gestapelt im Schrank liegt.« Pah! Wenn ich aus dem Urlaub komme, bin ich schon zufrieden, wenn ich in die Küche komme und das Käsebrötchen, das seit dem Abfahrtstag auf dem Teller liegt, noch keine Unterhaltsklage gegen mich erhoben hat.

Ich muss nämlich gestehen: Wenn mich Leute fragen, was sie zu meiner Party mitbringen sollen, dann sage ich immer: dunkle Socken und eine niedrige Erwartungshaltung. Ich hasse es, diesen doofen Haushalt zu machen. Kochen, putzen, waschen, bügeln und nach sechs Monaten den ganzen Scheiß wieder von vorne! Am schlimmsten ist es, die Wohnung aufzuräumen, während die Familie zu Hause ist. Das fühlt sich an, wie wenn man beim Zähneputzen gleichzeitig Oreo-Kekse futtert.

Nicht so bei Frollein Ordnung. Die hat alles im Griff. Sie postet Fotos von ihrer Fensterbank, wo in weißen Ikea-Übertöpfen das taufrische Basilikum blüht und symmetrisch angeordnete Dekosteine ihr sinnloses Dasein fristen. Das Foto garniert sie mit dem gestalterischen Super-GAU »Creme auf Weiß« und mit den Worten: »Guten Morgen, ihr Lieben, ich wünsche euch einen aufgeräumten Tag!«

Wo tut die nur ihr Kleingeld hin, ihre Fahrkarten, ihr Ladekabel, Kontoauszüge, Schlüssel, Briefmarken, Treuepunkte, Büroklammern, Speicherkarten, Protokoll Klassenpflegschaftssitzung, Sanifair-Gutscheine, Zopfgummis, Einkaufswagenchips, tic tacs und die verdammte Nachbarskatze? Näht sie für all das Zeug kleine Stoffsäckchen mit Eulenmuster, die sie der Größe nach geordnet an getrocknete Birkenzweige knotet und so ans frisch geputzte Fenster hängt, dass genau dann, wenn sie morgens aus ihren Lattegläsern von *Leonardo* trinkt, fünf Sonnenstrahlen hindurchscheinen, ihre Nasenspitze kitzeln und zu flüstern scheinen: »Los, häng schon deinen kuscheligen Morgenmantel aus Flauschfrottee an einen der drei praktischen Wandhalter in

Obstoptik, greife schnell eine farblich auf den Morgenhimmel abgestimmte Dessous-Kombi aus den nützlichen Ausziehschubladen, wirf dein frisch gewaschenes, gestärktes und gebügeltes Twinset über, suche dir aus dem Halstuchhalter einen passenden Loopschal und starte in deinen wohlsortierten Tag!«

Gerade wollte ich mich über der Tastatur erbrechen, da sah ich ganz unten links den Eintrag: »Wohnraumoptimierung – ich komme auch zu Ihnen!« Meine Vorstellung von Wohnraumoptimierung bestand bis dahin aus dem Vorsatz, beim nächsten Mal, wenn ich meinen Namen in den Staub schreibe, einfach das Datum wegzulassen. Aber dann dachte ich, ein bisschen frischer Wind wäre vielleicht ganz gut – ich musste nur noch das Telefon finden.

Zwei Wochen später stand sie vor der Tür. So spontan ... konnte ich vorher natürlich nur das Allernötigste wegräumen. Sie, Mitte 30, schneewittchenhaft geföhnte Disney-Frisur mit millimetergenau gespaltenem Pony, tipptopp gebügelte Matrosenbluse und selbst gebastelter Schmuck aus alten Knöpfen. Dieser Typ Arztgattin, der immer zwei Kinder hat, Emma-Elaine und Bente-Merle, der ein bisschen Taschengeld vom Mann kriegt und dann eine kleine Nähschule aufmacht, wo man Eulensmartphonehüllen und Eulenbezüge für Eulenkissen nähen kann, die man selbst in Athen in den Sondermüll werfen würde.

»Kommen Sie rein«, sagte ich, doch ihr Blick antwortete: »Wie denn?« – »Da gibt es verschiedene

Möglichkeiten«, entgegnete ich. »Am besten durch den Flur. Das geht aber nur, wenn Sie tief Luft holen und an den Zeitschriftenstapeln *Psychologie heute*, *Schöner Wohnen* und *Heileurythmie im Wandel der Jahreszeiten* vorbeikommen, ohne von den Garderobenhaken auf der anderen Seite aufgespießt zu werden, an denen die tropfnassen Plakafarben-Eierkarton-Installationen für die Kunst-AG hängen.«

Offenbar um Pragmatismus bemüht, flötete sie: »Ja, dann starten wir mal, was? Also, welche Dinge nerven Sie schon lange? Der Kühlschrank? Die Bügelwäsche?« – »Ja, also wenn ich ehrlich bin«, gab ich unumwunden zu, »die Bügelwäsche im Kühlschrank.« Sie nahm es als Scherz, und ich wusste: Das wird schwierig.

»Wie wäre es, wenn Sie all die Dinge erst mal in Kisten einteilen? Grün: Brauch ich noch. Blau: Weiß noch nicht. Rot: Kann weg.«

Nach 20 Minuten standen im Wohnzimmer acht Kisten:

BRAUCH ICH NOCH

BRAUCH ICH AUF JEDEN FALL NOCH

KANN VIELLEICHT WEG

KANN MÖGLICHERWEISE WEG

KANN UNTER UMSTÄNDEN WEG

EVENTUELL ANDREA ODER PETRA

FLOHMARKT – ABER VORHER NOCH MAL DURCHGUCKEN

KANN WEG

In die Kann-weg-Kiste warf ich ein altes Kastanienmännchen. Dann ein Faxmodem, obwohl das immer so lustige Geräusche gemacht hat: *I-u-iu-ÄÄÄÄh, dong-de-dong-de-dong*, da hängen Erinnerungen dran! Zuletzt das Buch *Der ordentliche Haushalt.* Noch original eingeschweißt, eigentlich schade drum.

Der Anfang war gemacht, und die Marquise von O. steuerte nun auf die Wäschekörbe im Flur zu. »Das hier ist der Korb mit vereinzelten Kindersocken«, erklärte ich bereitwillig, »da hinten in der Ikea-Tüte sind nur einfarbige Einzelsocken, in dem grünen Wäschekorb nur geringelte, und in dem Seegraskorb nur kaputte.« Man kann mir vieles vorwerfen, aber nicht mangelnde Struktur. Nach zweidreiviertel Stunden hatten wir zwei Paare zusammengeführt. Ich steckte sie lächelnd in die »Kann weg«-Kiste, denn sie waren mittlerweile zu klein.

»Puh, jetzt brauche ich erst mal einen Kaffee«, säuselte ich ihr zu und forderte sie dann forsch auf: »Schauen Sie doch mal in die Dose hinter der Mikrowelle«. – »Ist da der Kaffee drin?« – »Nein, aber da müsste noch ein Zettel drin sein, wo ich aufgeschrieben habe, wo ich den Kaffee zuletzt gesehen habe ...«

»Äh, soll ich vielleicht ein bisschen Musik machen?«, versuchte ich die entstandene peinliche

Pause zu durchbrechen. Vielleicht *The Seeker* von *The Who*, irgendwas von *New Order* oder *I Still Haven't Found What I'm Looking For* von *U2*?

Frollein Ordnung lächelte nicht zurück und öffnete meinen Flurschrank. Als sie wieder die stehende Position erreicht und sich von Girlanden sowie ineinander verknoteten Sankt-Martins-Laternen befreit hatte, sagte sie streng: »Sie haben zu viele Sachen! Unser Ziel ist es, dass Sie Ihren Schrank aufmachen und nur gute Freunde darin wohnen!« – »Hm!« Ich zuckte mit den Schultern. »Meine Freunde sollen nicht in meinem Schrank wohnen, sondern bei Facebook, da kann ich sie einfach löschen.«

Doch sie war schon im Wohnzimmer – weiß der Geier, wie sie dort hingekommen war. Hier überlegte sie offenbar, wie man zwei Dutzend Bananenkisten, drei Meter 80er-Jahre-LPs von *Ideal* bis *Goombay Dance Band*, ein Dutzend Alf-Videokassetten, fünf Originalspiele und 37 Erweiterungen der *Siedler von Catan* so arrangiert, dass das Qi wieder fließen kann.

»Kennen Sie eigentlich Feng-Shui?«, fragte sie schließlich so vorsichtig, wie ein Gynäkologe Frau Wollny fragen würde, ob sie schon mal was von der Pille gehört hat. »Ja«, sagte ich, »da bestelle ich immer die 17 und als Nachtisch die gebackenen Bananen. Hier sind übrigens noch ein paar von vorgestern, warten Sie mal ...« Sie lachte nicht, denn die Ritze in der Couch belegte, dass ich die Wahrheit gesagt hatte. »Feng-Shui habe ich mal gemacht«, erklärte ich eilig meinem ungläubigen Gegenüber, »als mal wieder *Einsatz in vier Wänden* mit dieser penetranten

Dekoterroristin kam, da habe ich gemerkt, dass der Fernseher mit dem Bildschirm zur Wand gedreht viel besser zur Geltung kommt!«

Das war der Moment, in dem Frau Eulengesicht beschloss, die erste Coaching-Stunde zu beenden. Sie griff resolut in ihr kleines Patchwork-Samt-handtäschchen mit silbernen Troddeln dran. Wahrscheinlich selbst genäht in einem kleinen Zeitfenster zwischen Basilikumblätter polieren und Dekosteine von rechts auf links drehen. Dann vollbrachte sie etwas, wofür ich sie insgeheim bewunderte: Sie holte aus ihrer Handtasche einen Zettel heraus, an dem keine entblätterten Hustenbonbons und 1-Cent-Stücke pappten, und gab mir wortlos ihre fein gefaltete Rechnung. Ich warf sie in die »Kann weg«-Kiste und beruhigte sie: »Schschsch ... man muss auch loslassen können!« Ich wollte ihren leicht angepissten Gesichtsausdruck am liebsten mit »Du bist nicht du, wenn du hungrig bist« kommentieren und ihr ein Snickers geben. Aber ich fand hinter dem Kissen nur ein halbes Banjo. »Sehen Sie's doch mal so«, erklärte ich so ungezwungen, wie es eben geht, wenn man an den Händen einen geschmolzenen Schokoriegel kleben hat, der 1987 aus dem Sortiment genommen wurde, »ich möchte einfach meinen Mitmenschen Gutes tun.« – »Ach ja?«, hüstelte sie. – »Ja, klar! Keine meiner Freundinnen, die einmal bei mir zu Hause war, wird jemals wieder glauben, sie sei schlampig.«

Wortlos flüchtete das Frollein Pingelig aus der Wäschekorb-Walhalla in Richtung Tür. Und fast hätte sie beim Zuwerfen selbiger noch eine Katastrophe angerichtet und das dort baumelnde Salzteigschild vom letzten Flohmarkt zerstört, auf dem der schöne Spruch prangt: »Vertrödle nicht dein Leben, sondern lebe mit deinem Trödel!«

14 JAHRE UMTAUSCH-RECHT

Ein altes peruanisches Sprichwort lautet: »Kinder sind wie ein Multifunktionsmixer – nur ohne Deckel.« Kein Wunder, dass immer mehr Zeitgenossen denken: Mist, was habe ich mir da nur ins Haus geholt, und wann geht das wieder weg? Moment mal, da gibt es doch diese kostenlose 0800-Nummer ...

Kid's Planet, Platz 258, mein Name ist Susanne Zöllner-Riesel, was kann ich für Sie tun?

Ja, guten Tach. Drugalla mein Name. Ich hab da ein Problem mit meinen Kind. Also, immer wenn der ...

Moment, Moment, kann ich bitte mal die Artikelnummer haben?

Ach so, ja: Dustin 2013.

Dustin 2013. Okay, und warum sind Sie damit nicht zufrieden?

Ja, also, der hört nicht.

Aha. Können Sie das Problem etwas näher beschreiben?

Ja, wenn ich jetzt sach, los, zieh deine Schuhe an, wir gehen jetzt im Park, dann macht der das einfach nicht. Auch wenn ich das zwei-, drei- oder achtmal sach, da kommt einfach nix.

Haben Sie das Kind schon mal auf den Kopf gestellt und einmal feste auf den Rücken geklopft? Das ist bei den 2013ern häufig, dass irgendwelche Aggressionen zwischen Hals und Bauch feststecken.

Ja, habbich schon. Da is nur mein USB-Stick wieder rausgekommen.

Und wie steht's um die verbale Leistungsfähigkeit?

Geht auch nicht. Auch so, wenn der ausse Schule kommt und ich sach: Na, Jung, wie war dein Tach? Dann sacht der für mich: Ey, schwul mich nicht an, du Opfer.

Ja, verstehe, das ist ein häufiger Artikulations-fehler bei den Dustins. Korrekt müsste das eigentlich heißen, Moment, ich schaue mal im Handbuch nach: »Check doch selbst dein Leben, du Spasti!«

Ja, aber hören Se mal. Bei der Verkaufsver-anstaltung damals in Calla Millor haben die gesacht, der ist total pflegeleicht und passt in jeden Schrank. Und jetzt mussten wir den sogar extra so 'n Klappbett inne Gartenlaube stellen, weil der sich nachts hinlegen will. Und essen will der auch dauernd. Dreimal am Tach. Das geht so nicht.

Ja, Herr Drugalla, ich würde sagen, aus Kulanzgründen machen wir das mal ganz unkompliziert: Sie schicken uns den Dingens 2013 portofrei zurück, und Sie kriegen dafür, kleinen Moment, tipp, tipp, die Cinderella-Beyoncé 0815. Die ist gerade aus der Produktion »Mein Kind, dein Kind, wie erziehst du denn?« ausgemustert worden und ist noch top in Schuss.

Ja, funktioniert die denn?

Ja, also, die ist total benutzerfreundlich. Einfach ein Blackberry und zwei American-Express-Karten in den Brustbeutel stecken, an einer beliebigen Shoppingmall in Mailand oder Dubai absetzen, und Sie haben mindestens 30 Minuten Ihre Ruhe.

Ja, is gut. Die nehme ich. Und wenn die auch nicht geht?

Kein Problem. Bei Nichtgefallen können Sie sie ohne Angabe von Gründen binnen 14 Jahren gegen eine Dunstabzugshaube eintauschen. Die macht allerdings im Gegensatz zu Kindern, das muss ich jetzt dazusagen, ein wenig Arbeit: Sie muss einmal im Jahr gereinigt werden.

Oh, nä. Dann behalt ich doch lieber dem Dustin.
Dange schön. Ähm, hat das Gespräch jetzt was
gek... ???

Duuut. Duuut. Duuut.

WENN ELTERN IM STÄNDIGEN BILDUNGSMODUS SIND

GENIAL? DANEBEN!

Wir Mütter sind ja Meisterinnen der effizienten Zeitgestaltung. Drei Minuten Leerlauf an der Ampel – schnell mal die Windel wechseln. Zwei Stunden Gelaber beim Gespräch mit dem Klassenlehrer – und dabei unterm Tisch fix die Lohnsteuererklärung machen. Und welche ehrgeizige Mutter wäre so töricht, die Wartezeit beim Kinderarzt ungenutzt verstreichen zu lassen? Bei meinem letzten Arztbesuch kam ich mir jedenfalls vor wie im Assessment-Center der Harvard University. Das Wartezimmer war zum Laufsteg der Frühförderungselite geworden – also jener Eltern, die als erste Kindernahrung Buchstabensuppe verabreichen und Lebewesen produzieren, die mit elf noch keine Schuhe anziehen können, ihre Unfähigkeit aber in vier Sprachen artikulieren können.

Eine Besserverdienergattin, die viel Wert auf kindgerechte Kommunikation legte, äußerte liebevoll, aber bestimmt in Richtung ihres Zweijährigen: »Linnard, ich möchte, dass du herkommst. Ich möchte, dass du das Buch wieder aufhebst. Ich möchte, dass wir jetzt einen Turm bauen.«

Als ich mein Kind daraufhin provozierend im Imperativ anredete (»So, Cyprienne, gezz gib dem Linnard-Skinnard ma seinen angebissenen Keks wieder, datt is nämlich dem seiner!«), erntete ich den verdienten Lohn in Form strafender Blicke von mindestens vier professionellen Erziehungsberechtigten.

Alsbald kam eine sympathisch zerzauste und leicht verpeilt wirkende Frau mit einem Lausbubenkind in fröhlicher roter Jacke herein. Endlich mal normale Leute, dachte ich. Aber zu früh gefreut. Denn auf das angenehm normale »Los, Winston, zieh schon mal die Jacke aus« folgte ohne einen Zwischenatmer mütterlicherseits: »Winston, take off your coat, will you? C'mon, we're late already!«

Winston hatte einige Mühe, seine Jacke auszuziehen und dabei den dicken Merriam-Webster-Thesaurus festzuhalten, den er alsbald wortlos auf den Tisch legte und akribisch studierte, während seine Mutter eifrig sämtliche verfügbaren Donald-Duck-Hefte außer Reichweite platzierte.

Ich hatte alsbald das Gefühl, geistig unterfordert zu sein. Nachdem ich die letzte Viertelstunde mit dem Überfliegen eines Tests über Haarspülungen im Magazin der *Stiftung Warentest* verbracht hatte, schloss ich also sofort die Augen und versuchte, mich an Namen, Preis und Testurteil von mindestens sechs der aufgeführten Marken zu erinnern. Als dies nicht klappte, übersetzte ich die beschriebenen unerlaubten Inhaltsstoffe spontan im Kopf in drei Sprachen.

Dies heizte meine grauen Zellen so an, dass ich mir beängstigend real vorstellte, was gleich im Behandlungszimmer vor sich gehen würde: »Herr Doktor Lohmann, ich möchte, dass Sie dem Linnard sagen, er hätte Streptokokken«, hörte ich die Stimme der Ich-Botschafterin. »Er muss nämlich seine Entschuldigung für die Schule selbst schreiben, und das Wort ›Masern‹ beherrscht er bereits orthografisch einwandfrei.« Vielleicht würde sie aber auf die Frage des Arztes »Was hat er denn?« auch einfach nur mit mühsam unterdrückter Panik antworten: »Heute noch kein Patent angemeldet.«

Vor meinen Augen verschwamm die gelb-schwarze Tigerente an der Wand, auf die einer »BVB sucks« gekritzelt hatte. Ich hörte auf, mir die Landkarte einzuprägen, die mir mitteilte, wann und wo die größte Zeckengefahr lauert und vor wie vielen Monaten wir uns davor hätten schützen müssen, wenn wir diesen Sommer nicht elend an Borreliose krepieren wollten. Was machten die eigentlich alle beim Kinderarzt? Wenn die alle die Schlauheit mit der Suppenkelle geschlürft hatten, wieso googelten die dann nicht ihren Hautausschlag selbst und brühten sich anschließend im privaten Labor eine heilende Wundpaste aus Ringelblumen, Fruit Loops und Glitzerknete?

Plötzlich wurde ich von einem platschenden Geräusch aus meinen Tagträumen über eine Welt voller 1,20 m großer Universalgenies gerissen. Etwas weiter in der Ecke nuckelte nämlich ein rund anderthalbjähriges, eloquenztechnisch noch herausgefordertes Mädchen lautstark an seinem Fencheltee und ließ den Schnuller immer wieder mit einem Flutsch los. Wahrscheinlich, um den fiesen Magen-Darm-Virus möglichst ohne viel Streuverlust auf die Anwesenden zu verteilen. »Schau mal, Milli, es sind nur noch zwei Leute vor uns«, sagte die Mutter. »Das dauert sicher nur noch fünf Minuten.«

»Slzstätsch«, reagierte Milli und schleuderte noch mal mindestens einen Viertelliter Bäuchlein-Tee durch den Raum. »Priiima, richtig, fünf!«, jauchzte die Mutter und nestelte an ihrem Handy – offenbar ließ sie die Antwort direkt im Live-Intelligenztest auswerten.

Irgendwie ferngesteuert und zu meiner eigenen Verwunderung schaltete ich mich auf einmal ungefragt in das Gespräch ein: »Wie lange, Milli, würde es dauern, wenn da nicht zwei Leute vor dir wären, sondern vier?«, wollte ich von ihr wissen, infiziert von dem Gedanken, die wenige wertvolle Zeit, in der das menschliche Gehirn aufnahmefähig ist, nicht achtlos verstreichen zu lassen und auch Wesen außerhalb unseres Familienbundes mit einer Schippe Bildung auszustatten. Die Mutter sah mich jedoch irritiert an. »Tu ne sais pas, Milli? Oh, ça ne fait rien!«, rettete ich mich aus der Nummer heraus.

Die offenen Münder und peinlich berührt an mir vorbeigelenkten Blicke musste ich zum Glück nicht lange ertragen, denn mit einem genialen Kunstgriff war ich binnen zwei Minuten allein in diesem Mensa-Auswahlcamp: »Schätzchen, wir wollen mal die Eiterpusteln in deinem Gesicht zählen: Uno, due, tre, quattro ... Oh, schau mal, da ist eine ganz große!

Wollen wir mal ihren Radius ausmessen und beobachten, wie schnell sie sich vergrößert?«

Und schwupp, war ich nach nur drei Stunden schon dran. »Herr Doktor, die Kleine ist immer so in sich gekehrt und desinteressiert an allem«, klagte ich mein Leid. »Ich sage immer, ›Hier, lies doch mal ein bisschen im *Forbe's Magazine*‹ aber: Nichts! Neulich ist sie sogar bei *Hart, aber fair* eingenickt! Und auf dem Weg hierher war sie sogar zu dämlich, ihren WhatsApp-Status von ›Du und ich, Hand in Hand, auf dem Weg zum Pommesstand‹ in ›Hey there, I'm using my mum's phone‹ umzuwandeln! Da muss man doch was tun!« Doch wie auch die letzten Male, als wir wegen Verdacht auf Hirnhautentzündung und Tuberkulose hier waren, brummelte er nur: »Wird schon, ich schreib' Ihnen Nasenspray auf.«

Beim Rausgehen sah ich im Flur zwei Dinge. Erstens: Winston avait oublié son blouson rouge. Zweitens saß auf dem Boden ein Vierjähriger, der im gesamten Eingangsbereich seine Dino-Sammlung ausgebreitet hatte und unter verzückten Schreien seiner Erziehungsbeauftragten sämtliche Fachtermini durch den Laden brüllte: Acheoptelits, Tlitzelatops, Iguanoanodon. Zur Freude der Eltern, die den genauen Sprachstand gerade tagesaktuell in ein Vokabelheft notierten. »Hey, dein Brachiosaurus frisst gerade einen Sinosauropteryx«, warf ich ihm im Vorbeigehen noch ein paar Bildungsbrocken zu. »Ist aber ein Pflanzenfresser. Tz, tz. Wir wollen doch nicht die Gesetze der Nahrungskette auf den Kopf stellen,

oder?« Statt Dankbarkeit zeigte mir seine Mutter jedoch nur den Mittelfinger. Keinen Respekt mehr, die
Leute heutzutage.

WIE WIR UNS PERFEKT AUF DAS LEBEN MIT KIND VORBEREITEN

ELTERNÜBZEIT

Und, wie isses so mit Kind?«, wollen immer alle werdenden Eltern um einen herum wissen. Ich antworte da nur noch drauf: »Kannst ja schon mal üben!«, und verteile die folgende, meist mit orange-braunen Breiflecken verzierte Handlungsanweisung.

»Ein Kind ändert alles«, heißt es. Hier einige einfache Übungen, die Sie problemlos in Ihren (noch) kinderlosen Alltag integrieren können:

- Verstecken Sie das Smartphone Ihres Partners im Blumenkasten, und verweigern Sie jede Antwort auf die Frage, wo es ist (»Hat verdessen«).

- Schreien Sie mittags durch die Kantine: »ICH HASSE BROKKOLI!«

- Sagen Sie Ihrem Partner absichtlich die falsche Uhrzeit.

- Laufen Sie drei Tage lang in denselben Klamotten rum.

- Machen Sie möglichst schwammige Aussagen, die Sie nie in die Tat umsetzen. (»Morgen ziehe ich hier aber andere Seiten auf!«)

- Lassen Sie Ihre Schuhe konsequent im Eingang liegen.

- Verlassen Sie Bad und Küche stets im Vollchaos, und erklären Sie die Überschwemmung und den verklebten Herd mit: »Das war ich nicht. Das war schon so!«

- Machen Sie nur Urlaubsfotos, auf denen Sie selbst nicht drauf sind.

- Stellen Sie sich 24 Stunden neben einen Presslufthammer, und gehen Sie dann zur Arbeit.

- Wenn Ihr Partner was Schönes gekocht hat und Sie zum Essen bittet, rufen Sie: »Glei-hich!« oder »Ich kom-me!«, dann bleiben Sie seelenruhig vor dem Fernseher sitzen.

- Üben Sie bei Ihrem Partner den korrekten Einsatz eines Nasensekretsaugers.

- Fahren Sie nur in den Schulferien in Urlaub – zum doppelten Preis und mit fünfmal so vielen Mitreisenden.

- Essen Sie nach jeder Mahlzeit noch angesabberte Butterbrotreste des Partners auf.

- Zerkrümeln Sie den Inhalt einer XXL-Tüte Kartoffelchips auf dem Autorücksitz, und gießen Sie alten Apfelsaft drüber.

- Schütten Sie sich unmittelbar vor einem wichtigen Termin einen Eimer Spinat über das Hemd.

- Trinken Sie Fanta und Sprite nur an Ihren Geburtstagen.

- Fahren Sie von Flensburg nach München zurück, weil Ihre Partnerin ihr Schnuffeltuch vergessen hat.

- Rufen Sie bei Ihrer privaten erotischen Fotosession laut »Ameisenscheiße!«

- ... und wenn Sie schon mal wissen wollen, wie es ist, wenn Ihr Gegenüber aufmerksam und interessiert zuhört: Reden Sie mit einem Stein.

WARUM ALLWETTER-SPIELPLÄTZE UNBEDINGT ZU MEIDEN SIND

STOPPERSOCKENHÖLLE

Mama, du bist sooo peinlich!« Diesen Satz habe ich bis vor Kurzem immer nur gehört, wenn ich mein rotes Nokia-Klapphandy auf den Tisch gelegt habe. Inzwischen schallt er auch durchs Haus, wenn ich mit mühsam gespielter Munterkeit den Vorschlag mache: »Lass uns doch mal zum Spielplatz gehen.« Jene nostalgischen zwanzig Quadratmeter Rollrasen mit rostiger Schaukel, quietschenden Wipptieren und hibbeligen Eltern, die den Sandkasten panisch nach Tretminen absuchen, sind für Kinder ja inzwischen total boooooring. Darum ist schon der kleinste Regentropfen Grund genug, um sonntagnachmittags im Gewerbegebiet zwischen *Aldi* und *Fressnapf* immer wieder aufs Neue vor einer runtergerockten ehemaligen Wurstfabrik zu fragen: Wann genau wurde der Begriff »Hölle auf Erden« eigentlich in »Indoorspielplatz« umbenannt?

Ein Indoorspielplatz, das ist so eine Art Bunga-Bunga-Party für Zwei- bis Zwölfjährige. Er ist ursprünglich erfunden worden, um auch solchen Kindern einmal soziale Kontakte mit Gleichgesinnten zu verschaffen, die ansonsten niemanden zum

Spielen haben, weil sie in der verqualmten 2 ½-Zimmer-Wohnung selten eines ihrer sieben Geschwister zu Gesicht kriegen.

Er ist ebenfalls gedacht als Schlechtwetteralternative für den Fall, dass der Rastplatz gleich neben dem Autobahnkreuz mal wegen Bauarbeiten gesperrt ist. Oder für sonntags, wenn die Skateboard- und Inliner-Teststrecke bei *Decathlon*, wo man seine Bagage sonst zwölf Stunden kostenfrei parken kann, geschlossen ist.

»Fun for Kid's« heißt es am Eingang von *Kalli's Kinderwelt*« – und das Deppen-Apostroph wird innen konsequent in das Design weiterer Hinweisschilder eingebettet, wie etwa »montag's keine Nugget's«.

Bevor man die eigentliche Spielfläche des als Tobelandschaft getarnten Wertstoffsammelhofs betritt, muss man erst mal den Kleinkindbereich passieren. Dort machen Anderthalbjährige die für die Entwicklung des Tastsinns (und des Immunsystems) sicherlich entscheidende Erfahrung, wie es sich anfühlt, wenn man alle bunten Kugeln im Bällchenbad mit Speichel einreibt. Daneben lassen sich genervte Jungeltern in Rippstrickleggins und gefälschten Nike-Sneakers über die minderwertige Qualität des neuen Buggys aus, in dem das sechs Wochen alte Baby überhaupt noch nicht richtig sitzen kann (»Voll scheiße ey, dem tausch isch um!«). Wer sich jemals gefragt hat, für welche Bevölkerungsgruppe eigentlich der Hinweis »Vor dem Backen der Tiefkühlpizza bitte Folie entfernen« erfunden worden ist – hier erhält er die Antwort.

Dann betritt man den Hauptbereich. Indoor-Profis sagen dazu gerne auch »Stoppersockenhölle«: eine bunte Käfiglandschaft aus kunstlederüberzogenen Softbaumodulen mit Leitern, Rutschen, Seilen und circa zweieinhalbtausend Kindern, die offenbar schon bei der Geburt dreimal hochgeworfen, aber nur zweimal wieder aufgefangen wurden.

Sie schreien und toben so ausgelassen, wie sie es ansonsten nur tun, wenn man ihnen vor dem Unterricht ihr Butterflymesser wegnimmt. Inmitten dieses Lärm-Tsunamis, gegen den ein Rammstein-Konzert ein Wattebausch im Sommerwind ist, vernimmt man ab und zu trotzdem manch sprachwissenschaftlich interessanten Dialog wie: »Isch geh Rutsche.« – »Ey, deutsch misch nisch voll!«

Das Spielelabyrinth trägt die Aufschrift »Benutzung nur bis 14 Jahre« – eine sinnvolle und liberale Regelung, die es vielen Kindern erlaubt, gemeinsam mit ihren Müttern zu toben.

Wer auf die Idee gekommen ist, in diesem Tinnitus-Tempel noch stampfende Musikbeschallung laufen zu lassen, der packt für den Sylt-Urlaub sicher auch noch einen Eimer Sand in den Koffer. Da ist es schon eine Wohltat, wenn die wummernde Plastikpop-Melange aus Scooter und Helene Fischer alle 20 Sekunden von Durchsagen aus dem Imbissbereich unterbrochen wird: »Die Pommes mit Ketchup doppelt Mayo Colla sind fettich!«, worauf zeitgleich 27 Leute in blinkenden Turnschuhen zur Ausgabestelle rennen und anfangen, handfest um die Position des legitimen Bestellers zu streiten.

Mitgebrachtes Essen ist verboten. Stattdessen soll die ganze Familie frittierte Nahrungsmittel konsumieren, die die Kinder so formen, dass sich bei Ausfall der Hüpfburg ersatzweise einfach drei Elfjährige spontan nebeneinander auf den Rücken legen können. Ein Ernährungsprinzip, das die Anwesenden konsequent einhalten: »Nein, Dwayne, ich habe datt schomma für dich gesacht, kein Opst getzz, wir hatten Schocko-Boms ausgemacht!«

Der Indoorspielplatz ist der lebende Beweis für Karl Lagerfelds These: »Wer Jogginghosen trägt, der hat die Kontrolle über sein Leben verloren« – ein Sammelplatz für jene Eltern, die die Haare so lange nicht waschen, dass man die komplette Fettsträhne einfach durch den Flesh-Tunnel am Ohr ziehen kann, und die sich die Namen ihrer Kinder umständlich auf den Unterarm tätowieren lassen, anstatt sie einfach mit Edding auf der Stirn zu beschriften.

Der Slogan »Spaß für Groß und Klein« stimmt allerdings, denn die Eltern haben auch total viel Fun mit den Ballerspielen auf ihren mitgebrachten Tablets, auf die sie mit eingefrorenem Blick starren wie sonst nur auf die Teilnehmerinnen beim Miss-Wet-T-Shirt-Contest im Bierkönig. Zu dumm nur, dass dauernd irgendein Kleinkind mit triefender Nase angerannt kommt, wenn Vattern gerade dabei ist, irgendwelchen Zombies den Schädel wegzusprengen: »Papa, die Aphrodite hat Kacka gemacht!« – »Ich kann jetzt nicht. Nimm das, du Zyklon!« – »Papa, direkt auf dem Bungee-Trampolin!« – »Geh nache Mama hin! ZOSCH! BÄM! WHOOP!« – »Die kann auch nicht, die tuppert gerade die runtergefallenen Pommes vor dem Tresen ein!«

Wo sind eigentlich die Zeiten hin, als »Freizeit« noch mit Federball im Garten und Kettcar in der Hofeinfahrt assoziiert wurde, und zwar ohne vorher eine Extramünze einwerfen zu müssen? Als es noch Reizüberflutung war, wenn die Hupe des Bonanzarads eine andere Farbe hatte als der Rahmen? Doch gerade, wenn man denkt, dass früher auch mehr Lametta war, wird man schon vom Gegenteil überzeugt, nämlich wenn sich nebenan ein Hort der Glückseligkeit entfaltet und ein Geburtstagstisch gedeckt wird. Hier piksen sich die kleinen Racker hemmungslos Holzspießchen in die Augen, an deren Ende glitzernde Papierstreifen wedeln – dabei waren diese doch als Deko für die halb aufgetaute Benjamin-Blümchen-Torte gedacht, auf der auch noch mit Leucht-Smarties die Aufschrift »für dem Schääsen« prangt.

Wer einmal in so einer Verwahranstalt war, in der Eltern T-Shirts tragen mit der Aufschrift: »Lächle, denn du kannst sie nicht alle töten!«, in der Kinder Frisuren haben wie Klobürsten und die WCs dieselbe dunkelgelbe Farbe wie das Frittierfett in der »Snack's-Ecke«, der ist schneller wieder am Ausgang, als die Slush-Ice-Maschine Salmonellen ansammelt. Doch das Entkommen hat seine Tücken, denn hier erwartet einen noch jede Menge Merchandise: *Kalli's-Kinderwelt*-T-Shirts, *Kalli's-Kinderwelt*-Schlüsselanhänger, *Kalli's-Kinderwelt*-Brechschüsseln, *Kalli's-Kinderwelt*-Bolzenschussgeräte. Dialoge wie dieser sind da natürlich an der Tagesordnung: »Mama, darf ich noch so 'ne Pumpgun?« – »Nee, Schatz. Schau mal, da steht drauf ›aus PVC‹. Die ist ja nicht mal aus echtem Plastik!«

Hat man endlich den Ausgang erreicht, spielen sich noch herzzerreißende, aber die Spontanflucht behindernde Szenen ab – etwa zwischen Eltern, die rechtzeitig zu »Berlin Tag und Nacht« zu Hause sein wollen, und Dreikäsehochs, die unbedingt noch eben aus den XXL-Weichplastikbuchstaben *Fick disch!* legen wollen. Doch für viele erzieherisch Herausgeforderte zahlt es sich aus, dass sie irgendwann einmal durch die Rauchschwaden im Wohnzimmer eine Folge der Super-Nanny oder eines anderen Sozialschockers erkennen konnten und jetzt freundlich, aber autoritär artikulieren: »Stief, nu mach, der Vatti muss morgen schon um elf Uhr raus!« Andere wiederum ziehen das Prinzip der kurzen, knappen und die Kinder nicht überfordernden Ansagen voll durch: »Sharolina, die Mutti ist jetzt weg! We-heck! Hörse nicht? W, E, K!«

WARUM SCHULE NICHT GLEICH SCHULE IST

TOTAL OLDSCHOOL

Die ersten Jahre mit dem Nachwuchs sind doch die schönsten. Man kann an dem Kind einfach so rumerziehen, wie man will, und wenn man's mal nicht um 10 Uhr zur Krabbelgruppe schafft, pennt man einfach weiter. Doch kurz darauf, so um den fünften Geburtstag rum, werden alle hibbelig, und es kommt ein interrogativer Hype auf: »Und, habt ihr schon eine Schule ausgesucht?« Früher nahm man halt die Schule, die fußläufig am günstigsten oder wo der Direktor nicht so 'n Spielverderber war (»Danke für die Endspiel-Karten, aber ich bin *Beamter*!«). Um heutzutage die richtige *Hall of Fame* für den hochbegabten Nachwuchs zu finden, müssen erst mal dutzendweise Infoabende besucht werden. Solche Termine sind mir aus zweierlei Gründen ein Gräuel. Erstens zielen die Infos, die es hier gibt, im Wesentlichen auf folgenden Lebenslauf: Mit fünf Seepferdchen, mit neun Gymnasium, mit zwölf das erste Stipendium und mit achtzehn sechs Sprachen sprechen, damit man später in der kolumbianischen U-Haft auch den Haftrichter versteht. Zweitens ist es äußerst beängstigend, nach mehr als drei Jahrzehnten zurück an den Schauplatz des Verbrechens zu müssen: Man geht durch Flure, die nach penetranten Reinigungsmitteln und kleisterummantelten Ballonfiguren riechen. Ungefragt steigen tief sitzende Erinnerungen hoch, und man fühlt sich gleich wie einer dieser Zeitzeugen, die in Guido-Knopp-Dokus wie *Hitlers Helfer*, *Hitlers Helfershelfer* oder *Die Haustiere von Hitlers Hausangestellten* ihre Traumata wiederkäuen. Bei Überlebenden der 80er klänge das dann so: »Ich musste dem kakaodiensthabenden Schüler immer fünf Groschen abdrücken statt drei, sonst hätte er allen gepetzt, dass ich schon mit zehn in *Die blaue Lagune* war.«

Nach einem halben Dutzend solcher Veranstaltungen, bei denen es sich vor allem um die Fragen drehte: »Wie verhindern Sie, dass die Luschen, die noch nicht lesen können, meine Zwillinge Charlotte-Samira und Chia-Samen am Lernen hindern?« – »Ist der Chinesischunterricht in den Offenen Ganztag integriert?« und vor allem »Darf man direkt vorm Schultor parken?«, habe ich mich dann auch mal zum Infoabend einer Alternativschule gewagt. »Alles kann, nichts muss!«, damit hatten sie geworben – ein Spruch, den man ansonsten nur aus zweitklassigen Dating-Apps kennt. Ich erinnere mich nur noch bruchstückhaft, aber die Erfahrung lässt sich im Wesentlichen so zusammenfassen:

Durch ein Wildschweingehege, frei laufende Wachteln und Rauminstallationen aus Vollkornraviolidosen erreichte ich ein Backsteingebäude, das einen nachhaltigen Eindruck auf mich machen sollte – nicht nur wegen der Bastelarbeiten aus fair gehandelten Plastiktüten am Eingang zum Klassenzimmer.

»Hallo, ich bin Hansjörg Mertens, aber du kannst ruhig Hansi zu mir sagen, wir duzen uns hier alle.« Ein Wolfgang-Niedecken-Verschnitt mit Lederhosen und Silberkreole im Ohr hielt mir die Hand hin.

Ich war etwas irritiert, ließ mich dann aber mit knirschenden Kniescheiben auf einem der lila Sitzsäcke nieder. Hansi nahm derweil im Schneidersitz auf dem Pult Platz. »Kinder sind Reisende, die nach dem Weg fragen«, referierte er, während er sich in aller Ruhe luftgetrocknete Apfelringe aus seiner Schweinslederaktentasche angelte und geräuschvoll verspeiste. »Komisch«, dachte ich nur, »dann hatten meine Lehrer wohl alle eine ausgeprägte Rechts-links-Schwäche.«

»Wir frühstücken hier immer erst mal alle zusammen, und dann überlegen wir, was wir heute lernen wollen«, erklärte er den anwesenden vier Eltern das pädagogische Konzept. »Und was ist«, grätschte ich fingerschnipsend dazwischen, »wenn die Mehrheit für Crystal-Meth-Kochen ist?«

Stille im Raum. Alle Augen auf mich. Ich ließ meinen Fuß Reinhard-Mey-artig hektisch kreisen, schaute angestrengt auf das Poster an der Wand mit der Fotocollage vom erlebnispädagogischen Ausflug in eine Wünschelrutenwerkstatt, bis mein Blick auf der Tunika der Trulla vor mir zur Ruhe kam, deren Muster farblich genau zu ihrem Selfmade-Schmuck aus Birkenrinde passte, aber auch zu Erbrochenem.

Diese unerträgliche Stille ließ mich irgendwie abdriften ... Die Gesichter verwischten, der Geruch von ungespritztem Obst und ebensolchen Achselhöhlen beamte mich quasi in eine Welt vor unserer Zeit, und ich befand mich auf einmal in der letzten Tischreihe der 5b im Jahr 1981. Damals hatten meine Freunde und ich vor allem eines: Angst. Nicht nur davor, dass das *Betamax*-Videosystem sich durchsetzt und wir unsere VHS-Kassetten nicht mehr gucken konnten. Nein, wir hatten Angst vor Else Garrasch.

Else Garrasch war Lehrerin für Mathematik und Chemie, was ihr auch den schönen Beinamen Atom-Else verschaffte. Nicht nur optisch war sie eine Mischung aus Pina Bausch, einem 80-jährigen Lederfußball und Frau Mahlzahn. Else Garrasch war – wie soll man es den Kids von heute nur begreiflich machen? – streng. Nicht so wie dieser »Lehrer ohne Grenzen«-Aktivist da vorne, zu dessen Repertoire wohl auch durch Handauflegen begleitete Äußerungen gehörten wie: »Äh, Tobi, mit deinem Mathe-Test bist du örgendwie ein Stück weit unter deinen Möglichkeiten geblieben. Komm doch heute Nachmittag noch mal in unserer Gern-Lern-AG vorbei«, sondern so: »Kein Lineal? Wie kein Lineal? Du gehst jetzt ohne Lineal durch diese Tür hinaus und kommst mit einem Lineal wieder, haben wir uns verstanden?«

Das Schlimmste war aber nicht das, was Else Garrasch sagte, sondern das, was sie nicht sagte. Sprich, der Matheunterricht war vor allem eins: totenstill. »Wie viel ist 38 mal 489? Thomas ... Klaus ... Stefanie ... Anja ...« Die Pausen zwischen den aufgerufenen

Namen wurden immer länger, der Schweiß rann uns auch im Winter von den College-Jacken direkt in die Vanilla-Hosen. So ein betretenes Schweigen hat es in diesem Jahrzehnt sonst nur auf der Pressekonferenz von Milli Vanilli gegeben.

Während des Verhörs pflegte Else Garrasch immer langsam durch die Reihen zu gehen und hinter ihrem Rücken in ihren knochigen Händen ein Stück Kreide zu rollen. Das erinnerte ein wenig an das Märchen vom Wolf und den sieben Geißlein, mit dem Unterschied, dass Frau Garrasch sich von Kopf bis Fuß mit Kreide hätte einpudern können und immer noch auch für den letzten Vollidioten als seelenloser Zahlenzombie zu erkennen gewesen wäre.

Unterbrochen wurde das als Unterricht getarnte Schweigegelübde nur dann und wann von einem schmatzenden Geräusch, mit dem die knochige Alte sich das Gebiss zurechtschob. Vielleicht leckte sie sich auch nur die Lippen, nachdem sie wieder mal einen Elfjährigen gefressen hatte, der auf die Frage: »Wie viel bleibt übrig, wenn man 568 von 677 abzieht?«, antwortete: »Es bleiben 109 über«, worauf sie zu fauchen pflegte: »Ü-brig, sie bleiben nicht über, mein Lieber, sie bleiben Ü-BRIG!«

Die verstörende Stille war im Übrigen ein bizarres Pendant zum verheerenden optischen Eindruck, den Else Garrasch transportierte. Sie trug Farbkombinationen, die spätestens 1971 auf Verlangen von Augenärzten aus dem Neckermann-Katalog ausgemustert worden waren. Mit grellen, lolliartig ineinander verlaufenden Neonfarben, die einen schon im Bereich von Ärmelaufschlag bis Ellenbogen in halluzinöse Zustände versetzten. Wenn Atom-Else zur Tür hereinkam, war die Netzhaut bereits so verletzt, dass man es gar nicht mehr merkte, wenn einem der Klassenarsch wieder mal den Zirkel ins Auge rammte.

Nie hatte ich mehr Angst vor einem Menschen. Außer vor Gert Fröbe als Räuber Hotzenplotz, Anthony Hopkins als Hannibal Lecter und Guido Maria Kretschmer in der Activia-Werbung. Und als ich zum ersten Mal Hitchcocks *Psycho* sah, da wusste ich: Die verweste Mutter im Keller spielt keine Geringere als Else Garrasch! Wer erinnert sich nicht an die berühmte Szene, in der sich Mrs. Bates im Schaukelstuhl umdreht und schreit: »Schau, von meinem Gesicht ist nichts mehr übrig, nicht Ü-BER, ü-brig!«

Wenn man heute auf die Homepage jenes naturwissenschaftlichen Gymnasiums im nördlichen Ruhrgebiet geht, an dem ich so fehl am Platz war wie Bushido im Achtsamkeits-Seminar, was findet man da? Suchtberatung, Streitschlichter, Lerncoaching. Nicht für die Schüler, nein, für deren Eltern, die früher Unterricht bei Else Garrasch hatten und die seither unter einer ausgeprägten Angststörung leiden. Frau Mahlzahn, wir erinnern uns, die Lehrerin von Jim Knopf, hat sich am Ende der Geschichte ja bekanntlich in einen goldenen Drachen der Weisheit verwandelt.

Ich weiß nicht, in was sich Else Garrasch nach vier Jahrzehnten des Kinderquälens verwandelt haben könnte, aber ich vermute mal, dass sie sich nach

ihrer Reinkarnation in einer Altkleiderverwertungs-
anlage in Herne-Baukau jetzt Detlef D! Soost nennt
und eine Mörderkohle macht mit dem *10 Weeks Body
Change*: »Von deinem Bauchfett ist nix mehr *übrig*,
PAM, PAM, PAM!«

»Ähm, ist alles in Ordnung bei dir?«, fragte mich
mein Sitznachbar, ein fahriger Mittvierziger mit wir-
rer Willi-Tanner-Frisur. Kam wohl nicht so oft vor,
dass jemand mit der flachen Hand aufs Pult trom-
melte wie Meg Ryan in *Harry und Sally* und dabei
»PAM, PAM, PAM!« rief, bis er sich spiegelverkehrt »I
louv Elyas M. Barek« auf die Haut brannte. »Möchtest du örgendwie deine Aggressionen rauslassen?
Wir könnten alle kurz innehalten und Anuloma Vi-
loma praktizieren.« – »Kann man sich dabei was
wegholen?«, fragte ich scheu und verstört. – »Wech-
selatmung«, klärte mich die Frau mit teppichartigem
Wollüberwurf und asymmetrischer Henna-Frise
auf und begann auch schon, in das linke Nasenloch
einzuatmen, während sie das andere mit pflanzen-
farbenen Fingerkuppen zuhielt.

»Erzähl uns von deiner Angst«, sagte Hanse-Män.
»Du kannst sie vielleicht nicht besiegen, aber du kannst
sie mit uns teilen wie ich mit euch meine Apfelringe.«

»Sind die ungeschwefelt?«, fragte Willi Tanner.
»Gleich nicht mehr«, erwiderte ich mit irrem Lachen,
während ich nervös an meinem Feuerzeug rumhan-
tierte und mich mit den Worten »Ach, ich musste
nur gerade an ganz früher denken« zu rechtfertigen versuchte. »Ach so«, der Poncho von nebenan
guckte mich verständnisvoll an, »Reinkarnation, ich

verstehe. Ich war früher übrigens eine ägyptische Tempelhure, die dann irgendwann von Perseus auf der Flucht vor den Orks geköpft wurde.«

»Ich glaube auch an die Wiedergeburt«, warf ich süffisant ein, während ich mir demonstrativ eine Fluppe anzündete, »ab morgen werde ich von mir sagen können: Ich war mal eine ganz normale Mutter, die bei dem Versuch, die eigenen Kinder auf den rechten Weg irgendwo zwischen *drill instruction* und Panflötenweben zu bringen, einfach im Affekt die Häschenschule Hinterwald abgefackelt hat.« Das Dramatische an der Sache, so würde man hinterher erzählen: »Die Täterin wollte noch selbst die Feuerwehr benachrichtigen – hat aber eine irgendwo in der Kindheit begründete starke Phobie vor Zahlen und wusste einfach die Nummer nicht.«

WARUM MODERNE MÜTTER NIE ZEIT HABEN

BURN-OUT MIT BOMMELN DRAN

Mütter sollten sich öfter mal eine Auszeit nehmen, heißt es in vielen Familienratgebern. Schließlich sind wir offenbar schon so desorientiert, dass uns die Dekoindustrie ständig nahelegt, möglichst oft in unserem eigenen Zuhause das Wort »Home« aufzukleben oder in Großbuchstaben auf den Kaminsims zu stellen, damit wir überhaupt noch wissen, wo wir sind. Da ist es wichtig, dass man sich mal Zeit für gute Freunde nimmt. So wie ich und meine Freundin Gesa. Letzte Woche Donnerstag hatten wir von 15:30 bis 15:42 Uhr mal einen richtig entspannten Nachmittag. Und das ging so:

Ich so: »Boah, Gesa, dass wir zwei es mal schaffen, uns zum Kaffee zu treffen. Die Männer verstehen das doch gar nicht, was wir den ganzen Tag schuften.«

Sie so: »Nee, nee, verstehen die nicht. Die kommen abends immer an: ›Na, Schatz, was hast du heute so gemacht?‹ – ›Oh, ein bisschen

geputzt, gewienert, gescheuert, bisschen rum-
gesaugt, geswiffert. JA WAT GLAUBST DU DENN,
WARUM DAT HIER SO SAUBER IST!« Willst du
noch so 'n Cupcake?«

Ich so: »OMPF, die sind ja lecker, Gesa, hast du die
selbst gemacht?«

Sie so: »Ja, Bine, du, total einfach. Erst machste
so 'n fluffigen Hefeteig, lässt den drei Stunden
stehen, walkst ihn dann alle 30 Minuten mit
nassen Händen durch, knetest dann die frischen
Früchte unter, Zitronat, Orangeat, Glutamat,
karamellisierte Papayakerne, *Tyler, nein, ich
habe jetzt keine Zeit, merkst du nicht, dass die
Mama sich grad e i n m a l im Leben unterhalten
möchte? Jetzt gehst du wacker in die Küche und
holst den Hasen aus dem Entsafter!,* in die gebut-
terte und 30 Minuten vorgekühlte Form füllen, 20
Minuten in 'n Ofen, auskühlen lassen, fertig.«

Ich so: »Sagenhaft, und so schnell!«

Sie so: »Ja, und dann nur noch das Topping.
Schokolade und Sahne schmelzen, in den Kühlschrank, aufschlagen, noch mal kühlen und
mit dem Tupfen-Toni von Tupper ein Eiskris-
tallmuster aufspritzen. Dann bloß noch die
Lavendelblüten, Cashewkrokant und handge-
schabte Borkenschokolade drüber, fertig.«

Ich so: »Boah, das geht ja echt schnell. Aber ich glaube, ich nehme hier lieber so einen Safranteigkrapfen mit Pistaziensorbetfüllung, hast du die auch selber ... ?«

Sie so: »Ja sicher! Glaubst du, ich bin eine von diesen Backmischungs-Mamis? Die, die ihre Kinder mit 'ner GEKAUFTEN Laterne zum Martinsumzug schicken? Und sich höchstens unter dem Punkt ›Servietten‹ oder ›Kondensmilch‹ in die Schulfest-Helferliste eintragen?«

Ich so: »Nää, Gesa, wo denkste hin, das geht ja gar nicht ...!«

Sie so: »Boah, ist das schön, dass wir einfach mal so zusammensitzen und nix machen. Kommste doch sonst gar nicht zu. *Tyler, Tyler, gehst du wohl vom Chinchilla-Klo! Wie oft habe ich das gesagt! Weg da! Und dann mit den dreckigen Händen an Muttis Fimo-Wichtel! Die müssen noch abkühlen! Und lackiert werden! Und dann alle einzeln für meinen Kreativ-Blog fotografiert werden! Jetzt ab, geh die Dreckspfoten waschen, aber mit der selbst gemachten Kokos-Zimt-Seife!* Endlich haben wir mal Zeit ... weißt doch sonst gar nicht, wo der Tach bleibt.«

Ich so: »Sag mal, Gesa, kann ich vielleicht noch so 'n Latte haben?«

Sie so: »Ja sicher, Bini, wie denn? Mit Karamell-topping, Fizzy Fudge, Double Choc, Triple Top, decaffed oder prepaid – *Lionel, gehst du bitte aus dem Wäschekorb! Das ist die Bügelwäsche für die Marlenka, die holt die gleich ab. Ach Gott, der muss ich auch noch ihre Überstunden bezahlen, ich sach dir, kommst zu nix*.«

Ich so: »Sag mal, diese Cupcake-Manschetten sind ja schön, hast du die selbst gemacht?«

Sie so: »Ja sicher, total einfach. Habe doch den Nähkurs bei Nina gemacht. 100% Organic Cotton, Swarovski-Glasperlen, Wolltröddel-chen von Askania, ratzfatz in zwei Tagen fertig. *Tyler – JETZT NICHT. Wie? Die Elsa hat 'ne Swa-rovski-Perle inner Nase? Ja, dann hol die da raus, Mann, die sind sauteuer!* Willst du noch einen Macaron? Grün, gelb, lachsfarben?«

Ich so: »Ähhh, du, Gesa, sollen wir eben zum Notarzt fahren? Ich meine, die Elsa ist schon ganz blau im Gesicht ...«

Sie so: »Notarzt? Habbich keine Zeit für. Wann soll ich das denn noch machen? Ich muss noch Baumschmuck häkeln, Cake-Pops backen, Eier ausblasen *Tyler, häng die Elsa mal an die Turn-stange und klopp ihr auf den Hinterkopf!* und heute Abend zum Qigong «

Ich so: »Qigong? Habe ich keine Zeit für. Ich mache immer Speed-Yoga. Total einfach und super für Leute mit wenig Zeit: Man lässt einfach beim »Ommmm« das »m« weg. O – und zack, entspannt!«

WIESO EINKAUFEN MIT KINDERN DEN LETZTEN NERV RAUBT

TOMATENMASSAKER UND TORNISTERTORTUR

Mal eben einkaufen gehen? Von wegen. Wer mit Kindern das Haus verlässt, um der einstmals lustvollen Tätigkeit des Shoppens zu frönen, hat immer die Arschkarte. Ständig schaut man in mies gelaunte, nölige Gesichter – und die Kinder sind meist auch nicht viel besser drauf.

Schon das erste Shopping-Erlebnis mit Kind macht einem klar: Stressfrei war gestern. Dieser Moment, das erste Mal im Supermarkt die Babytrage in den Einkaufswagen zu legen und festzustellen: Da geht jetzt nix mehr rein. Höchstens ein Glas Kapern und ein senkrecht hingestelltes Bund Frühlingszwiebeln. Mit ein wenig Geschick kann man auch noch eine platte Packung Weizen-Toasties an die Seite klemmen und dabei auf dem Handy »Kochen mit drei Zutaten« googeln. Dass man eigentlich gekommen war, um vier Pakete *Ultrasaugstark* zu holen, merkt man erst auf der Rückfahrt, wenn der vertraute Geruch des braunen Bratlings nach vorne weht, während der Säugling schreit, weil der Schnuller noch auf dem

Kaugummiregal an Kasse 4 liegt. Dafür entdeckt er gerade, dass *Orbit ohne Zucker* ganz schön scharf ist.

Dann kommt das Alter, in dem die stolzen Eltern gerne das komplette Ladenpersonal und die anderen Kunden an den Entwicklungsstufen des Kindes teilhaben lassen: das Show-Einkaufen mit Kleinkindern. Eben noch auf dem Krabbelteppich, jetzt schon auf dem Discounter-Catwalk: »Joooonas, richtig, eine Tooo-maaaa-teeee! Wollen wir sie gemeinsam abwiegen? Deine Hand-Auge-Koordination funktioniert ja hervor...! Oops, nicht schlimm, das wischen die netten Frauen in den weißen Kitteln gleich weg, da sind die gegen versichert! Komm, wir suchen uns mal ein paar Pfläumchen aus! Ja, genau, du musst erst die haptische Erfahrung machen, ob sie schon reif sind! PLOTZSCH! Sooo, Jonas, dann komm mal mit zu den Einmalwaschlappen! Und Sagro-taaaaan brauchen wir auch noch!«

Auf diese Selbstbeweihräucherungs-Zeremonie folgt die Phase, in der das Kleinkind von pausbäckigen Wurstverkäuferinnen gemästet wird. 200 Gramm extra auf die Hand und beim Bäcker noch ein paar Kekse − vor dem Mittagessen. Dabei müssten doch eigentlich die Eltern gefüttert werden, damit sie die nächste Phase des Shoppingterrors überstehen: die Tornistertortur.

Bislang dachte ich, ein Tornister (wegen des früher verwendeten ranzigen Leders gern auch Schulranzen genannt) sei eine quadratische Tasche, in die man ein paar Hefte reinpacken kann. Weit gefehlt! Die kleinste Ausstattung hat schon 18 Teile und

kostet 200 Öcken. Andernorts mögen Verkäuferinnen nur einen Satz beherrschen, nämlich: »Nur, was
da hängt«, aber wer ein Schultaschenfachgeschäft
betritt, wird gleich von Profi-Sellern mit Dollar-
zeichen in den Augen umschwärmt wie ein Scheich
in Sankt Moritz: »Das hier ist der neue *McSuperSafe*
mit aufwendig gearbeiteten Seitentaschen, viel Stau-
raum für Trinkflasche, Regenschirm, Warndreieck,
Verbandskasten, Angelrute und Tuba, belastbar bis
180 Kilo, ergonomischer Profigriff mit Geheimzahl-
code, hitzebeständig bis 200 °C, antihaftversiegelt
und mit Schüttrand für tropffreies Ausgießen.«

»Ja, äh, haben Sie vielleicht auch was, äh, Kom-
pakteres? Ich meine, das Kind muss den doch tragen
können?« So denkt man zumindest vor der Einschu-
lung, später weiß man, dass nach dem Mittagsgong
ein Pulk von Sherpa-Muttis direkt an der Klassen-
zimmertür lauert, um Tornister, Turnbeutel und
Tortenring von der Geburtstagsfeier direkt in Emp-
fang zu nehmen und auf dem Weg zum VW Sharan
schon mal eben die Hausaufgaben zu erledigen.

Man könnte auch die Loser-Variante nehmen:
den Rolltornister, mit Rädern zum Hinterherziehen.
Sozusagen der Hackenporsche für die Ü-6-Genera-
tion. Wenn man dem Kind dann auch noch einen
Ganzkörpermalkittel mit Allover-Print in Schwein-
chenoptik einpackt, hat man sichergestellt, dass es
auf der gesellschaftlichen Beliebtheitsskala gleich
nach Clemens Tönnies rangiert.

Nach vier Stunden des Probierens, Probe-
laufens, Festschnallens, Austarierens der optimalen

wirbelsäulenschonenden Trageposition und Vergleichens der NASA-Qualitätstests mit einem schmollenden und wimmernden Etwas einigt man sich dann schließlich auf ein einziges Merkmal: Es muss ein Einhorn drauf sein. Kein Reflektor, kein Münzgeldfach, Farbe von mir aus auch Rindenmulchocker mit Fischgrätmuster, egal – Hauptsache, Einhorn drauf.

Es folgt die himmlische Zeitspanne, in der man Kindern Anziehsachen mitbringen und rufen kann: »Schatz, ich habe dir ein paar T-Shirts mitgebracht!«, und sie antworten: »Prima, Mama, leg sie mir aufs Bett!« Diese Phase dauert ungefähr zwei Tage. Und dann fangen sie an, wählerisch zu werden. »Bisse behindert, ist doch voll Baby, ey!« oder »Boah, das ist doch was für DEIN Alter!« Und dann machen sie einen Affentanz, winden sich gollumartig auf dem Fußboden, trommeln mit den Fäusten gegen das Aquarium, verschanzen sich monatelang in ihrem Zimmer und essen ihre Zimmerpflanzen auf, bis man die weiße Fahne schwenkt und stammelt: »Jaaa, okaaaay, fahren wir halt in einen angesagten Laden.«

Dann geht man in eines dieser Textilverkaufsetablissements, vor dem immer Schlangen von kleinen Mädchen stehen und sich per Textnachricht mit den anderen kleinen Mädchen unterhalten, die neben ihnen in der Reihe stehen. Das Groteske eines modernen Teenagerlebens wird hier hautnah erfahrbar: Erst warten sie jahrelang, bis sie rausdürfen; jetzt warten sie ebenso lange, bis sie reindürfen. Rein in irgendeinen Ami-Laden, in dem es kein Licht gibt, dafür lautes Bassgestampfe und zehn verschiedene, die Atemwege zukleisternde Raumparfüms. Ab und zu findet man auch ein T-Shirt oder eine Hose, aber die hat anscheinend nur jemand aus Versehen auf dem Show-Podest vergessen. Verkauft werden soll an möglichst junge und dellenfreie Kunden ein wenig Stoff und das schöne Gefühl, zur sorglosen amerikanischen Upperclass der Bleichgebisse und Bauchfrei-Pants zu gehören. Ist das nicht ein geniales Konzept? Man rennt in so 'ne Klamotten-Kaschemme, und flupp, ist man Oberschicht, und das, ohne sich vorher in der Schule abmühen oder den Bätschelor antatschen zu müssen!

Ein weiteres Merkmal ist das Herumstehen von überlebensgroßen anglizismusaffinen Barbiepuppen. »Hello«, säuselt einen etwa eine Aprikosenhaut mit Shorts und knappem Träger-Shirt von der Seite an und rückt den Pappaufsteller eines Surfbretts zurecht. Und schon weiß man, warum es hier so dunkel ist: Wäre es fünf Watt heller, sähe man, dass die Dinger eigentlich noch gar nicht hier arbeiten dürften. Die Verkäuferinnen sehen aus, als seien sie gerade erst von der Mutter getrennt worden. Und sie sind so dünn, dass sie, wenn sie sich seitlich hinstellen, gar nicht mehr zu sehen sind. Genau das Richtige also für das Hosensortiment, das die Auswahlmöglichkeiten *Skinny* und *Super Skinny* anbietet. Untenrum tragen die Beachwear-Britneys übrigens auch nur minimalen Materialeinsatz, nämlich Flip-Flops, auch bei elf Grad. Bis zum nächsten Strand sind's ja auch nur 300 Kilometer.

Beim letzten Shoppingtrip habe ich ein wenig die Contenance verloren. »Hello, can I help you?«, strahlte mich so eine redende Selbstbräunertube mit Zahnspange an, die anscheinend ihre ganze Kindheit lang an der Fleischwursttheke ignoriert worden war. »Yes, tell me how fucking old you are! Do your parents know what you are doing here?«, antwortete ich, doch bei dem lauten Bassgestampfe kamen meine Worte offenbar nicht bei ihr an. Sie packte mir fünf undefinierbare Baumwollfetzen ein, ich zahlte 280 Euro und war froh, das Ersehnte erstanden zu haben – eine Papiertüte mit der Aufschrift Applecrumble & Fish oder sonst irgendeines Low-Name-Labels, die für Viertklässlerinnen ungefähr den Wert der Blauen Mauritius hat.

»Bye-bye, see you next time!«, hauchte mir noch so eine blonde Badelatsche am Ausgang zu. Ich hätte sie am liebsten mit einem Deko-Surfbrett erschlagen, entschied mich jedoch für eine etwas abgemilderte Variante meiner rohen Gewaltfantasie und bedankte mich stattdessen, indem ich fröhlich in die Hände klatschte und dazu sang: »Alle Leut', alle Leut', geh'n jetzt nach Haus! Große Leut', kleine Leut', dicke ... ähm, okay. Wir sind dann mal weg.«

WARUM MODERNE KINDERBÜCHER TODLANGWEILIG SIND

CONNI MIT DER SCHEISSE IM HAAR

Man weiß, dass man alt wird, wenn man beginnt, über die Jugend von heute zu meckern. Okay, ich wusste auch, dass ich alt werde, als ich bemerkte, dass ich offenbar der einzige Mensch auf der Welt bin, der WhatsApp-Sprachnachrichten mit »Hallo, ich bin's« beginnt. Ich merke das aber vor allem, wenn ich mir die Kinderbücher von heute so angucke. Früher hatten wir, die *Children Of The Revolution* sie alle im Regal: Wir sind groß geworden mit Pippi Langstrumpf, die der Tante Prusseliese ihre Wollschlüpfer um die Ohren warf. Mit Karlsson vom Dach, der dem kleinen Lillebror die Fleischklopse wegfraß, ohne dass er dafür auf die stille Treppe musste. Damals mussten sich die Protagonisten noch mit Konfliktsituationen auseinandersetzen – und sie sind daran gereift. Pippi und Tommi und Annika, die mussten sich noch selbst um das Auflehnen gegen die Elterngeneration kümmern und in einem rituellen Get-together in der Villa Kunterbunt Krummelus-Pillen schlucken. Heute haben die Kids da doch keinen Einfluss mehr drauf. Die müssen nur kurz aus Versehen an einem Bauklotz aus dem Set für 2 Euro 99 von *KiK*-Discount riechen, und das Thema Wachstum hat sich von selbst erledigt.

Aber wir sind noch die Generation der echten Wutbürger. Wir formen Menschenketten gegen missverständlich angebrachte Biosiegel auf dem Obst. Wir schreiben aufgebrachte Leserbriefe, wenn einer mit Tempo 32 durch die verkehrsberuhigte Zone heizt.

Aber was soll nur aus unseren Kindern werden, wenn wir ihnen von einer Welt erzählen, in der die kleine Prinzessin Lillifee sich morgens die Füßchen im Gebirgsbach wäscht, mittags Einladungskarten fürs Blütenfest schreibt und danach auf der Frühlingswiese Schmetterlinge zählt? Wer so was liest, taugt doch später allenfalls noch für das Berufsbild »Bachelor-Kandidatin« und nennt Schnösel-Single Pablo, 29, aus Pusemuckel zärtlich Pupsi, das Schwein.

Oder diese unsägliche Bibi Blocksberg, die kleine süße Hexe mit ihrem Besen »Kartoffelbrei« (andere geniale Ideen, wie etwa ihren Raben »Grützwurst« oder ihre Zauberkugel »Darth Elstner« zu nennen, hat der zimperliche Lektor leider rausgestrichen). Ist doch total unrealistisch, dieses Mädchen! Ein Kind, das magische Kräfte hat, würde doch als Allererstes mal sämtliche Mitesser, Mathelehrer und Medienzeit-Begrenzungs-Apps wegzaubern.

Das allerschlimmste Übel, das unter dem Deckmantel der Kinderliteratur derzeit Not und Elend unter zum Vorlesen verdammten Eltern verbreitet, heißt jedoch ganz klar: Conni. Conni, das ist so eine Art Erika Mustermann der Bücherregale. Bekannt aus Büchern wie »Conni kommt in den Kindergarten«, »Conni fährt in den Urlaub«, »Conni kratzt sich hinterm Ohr« oder »Conni schaut Wandfarbe beim Trocknen zu«. Der einzig vielversprechende Band heißt »Conni geht verloren«, aber auch da wird uns am Ende die Hoffnung genommen: Sie taucht wieder auf. Diese Bücher haben einen Spannungsbogen wie ein Milchschnitte-Werbespot. Eltern, die es schaffen, beim Vorlesen eines Conni-Buchs bis zum zweiten Satz vorzudringen, ohne wegzunicken, müssen gedopt sein. Eltern, die den Pseudo-Rap am Ende der gnadenlosen Conni-Hörspiele mehr als 30 Sekunden ertragen, die tanzen auch zu DJ Bobo.

Früher haben die Kinder wenigstens noch was geleistet: Die drei Fragezeichen, die sich nach den Hausaufgaben mit Totentüchern und Rachedämonen beschäftigten – was haben wir uns unter der Bettdecke eingenässt! Oder die Fünf Freunde: Immer, wenn sie gerade Gummitwist hüpften, Boot fuhren oder angelten, kam ein bis an die Zähne bewaffneter Schwerverbrecher vorbei, den die Racker aber immer pünktlich bis zum Fünf-Uhr-Tee von Tante Fanny niederstreckten. Die größte Katastrophe in einem Conni-Buch dagegen war, dass dieses dummdösige Durchschnittsblag mal im Wohnzimmer beim Tanzen eine Vase umgeworfen hat und ihre Mutter, das inkonsequente Miststück, sie zur Strafe zum Ballettkurs angemeldet hat.

Wer jetzt sagt, Conni, pah, haben wir nix mit am Hut, wir haben nur Jungs zu Hause: Wartet nur – es gibt nämlich inzwischen auch eine eigene Buchserie von Connis Bruder Jakob. Die Nachricht, dass Conni einen Bruder hat, von dem es jetzt auch Bücher gibt, hat Deutschlands Kulturszene ähnlich aufgewühlt wie seinerzeit die Erkenntnis: Es gibt nicht nur Fritz Wepper, sondern auch Elmar.

Conni ist so unauffällig und eigenschaftslos, dass sie mit Sicherheit den Berufswunsch Zahnarztfrau hat – oder Aktivistin. Dann bewaffnet sie sich, fröhlich, wie sie eben ist, unsere Conni, mit Farbbeutelmunition, abgestimmt auf ihre doofe rote Schleife im Haar, und ruiniert in einer Buchhandlung mutwillig den Conni-Sondertisch. Und ihre Freunde werden gähnend sagen: »Mensch, ausgerechnet die Conni, die war doch immer so ... unauffällig!« Was ja irgendwie Teil des Konzepts ist, aber egal.

Zum Vergleich: Als Astrid Lindgren Pippi Langstrumpf geschrieben hat, lag sie drei Monate krank im Bett. Die Autorin von Conni dagegen hat ihr Werk wohl mal eben so mit links geschrieben. Und mit rechts dabei einen Antrag auf eine neue Payback-Karte ausgefüllt. Angeblich hat sie Geschichten schreiben wollen, die die unmittelbare Lebenswirklichkeit der Kinder widerspiegeln. Warum, so frage ich mich dann, kommt Conni beim Arzt sofort dran? Warum erschienen hintereinander »Conni lernt tanzen«, »Conni lernt reiten« und »Conni lernt Skifahren«, ohne dass danach »Connis Eltern melden Privatinsolvenz an« kam?

Da ist ja sogar Pippi Langstrumpf realistischer: Okay, strunzdoofe Polizisten heißen nicht mehr Kling und Klang, sondern Toto und Harry. Aber dass zwei mal drei vier macht, das wird uns doch jeder Viertklässler bestätigen.

Es liegt auf der Hand: Conni hat Schuld, dass unsere Jugend so ist, wie sie ist. In den neuesten Jugendstudien hat man herausgefunden, dass für junge Menschen von heute vor allem traditionelle Werte zählen: Familie, Fleiß, eine gute Ausbildung. Viele wünschen sich demnach ein Haus mit Garten, einen lieben Partner, zwei Kinder, einen Hund und einen Hautarzt, der ihnen das Tattoo »All cops are bastards« vom Hals weglasert. Die Jugendlichen von heute sind schon so spießig, dass sie ihren Eltern verbieten, auf Ü-40-Partys zu gehen! Und wenn sie doch rausgehen, dann müssen sie aber um halb neun zu Hause sein.

Ich glaube, wenn Conni das Pippi-Langstrumpf-Lied singen würde, dann so:

Zwei mal drei ist sechs
Dubi-dubi-dub und drei macht neune,
Ich latsch durch die Welt,
Hab 'n doofen Bruder und viel Geld.

Wir ham ein Haus: ein Reihenmittelhaus,
Mein Papa, ja, der fährt
'nen Opel Astra Caravan.
Ich hab ein Haus,
und jeden, der mich mag ...

... den lehre ich das kleine Einmaleins mit meiner ökologisch unbedenklichen HABA-Holz-Rechenkette, und zwar alters- und gendergerecht und nach neuesten methodisch-didaktischen Erkenntnissen.

Apropos Lied: Wenn ich noch einmal die Conni-Musik hören muss, gegen die die Titelmelodie von *Zehn kleine Zappelmänner* klingt wie eine Beethoven-Klaviersonate, dann lasse ich mir das Sorgerecht entziehen. Wenn ich noch einmal die CD »Conni backt Pizza« hören muss, auf der die grenzdebile Titelheldin mit dem degenerierten Nachbarsjungen Simon einen Teig mit Tomaten, Käse und Salami belegt und ihn – Achtung, jetzt kommt der Cliffhanger – in den Ofen (!!!) schiebt, dann erwürge ich den Dialogregisseur eigenhändig mit Connis abgeranztem rotem Pannesamt-Haargummi. Die einzige Chance auf Gnade, die er dann noch hat: Er kauft mir das Skript ab, das schon seit Jahren bei mir in der Schublade liegt und den schönen Titel trägt: »Conni und die dreibeinigen Höllenschlampen ziehen der Bibi-Bitch den Besen ab«. Da kann sich wenigstens jeder was drunter vorstellen.

WIESO KINDERGEBURTSTAGE INZWISCHEN MEGA-EVENTS SIND

KINDERSEKT UND KAVIAR

Kindergeburtstage sind auch nicht mehr das, was sie mal waren. Wer heute meint, ein »Kalter Hund« sei ein Partykracher, kriegt höchstens den Satz zu hören: »Kann jetzt endlich mal einer die Trixi aus dem Tiefkühlfach nehmen?«

Schon die strategischen Überlegungen für die Gästeliste gleichen einem Festbankett im Hause Windsor. Eingeladen werden nicht die besten Spielkameraden, sondern jene Kinder, deren Eltern entweder Computerfachmann, Autoschrauber oder Anwalt sind, sprich, die man sich in Zukunft dringend warmhalten muss, aber keinesfalls mal zu einem Glas Wein einladen möchte.

Dann natürlich die bange Frage: Welches Motto soll es sein? Früher sind fünf Kinder aus der Nachbarschaft auf einen Marmorkuchen vorbeigekommen. Wer die in Alufolie eingebackenen 50 Pfennig darin gefunden hat, durfte sie behalten – oder musste eben zum Notarzt. Danach Plumpsack, Sackhüpfen, Eierlaufen und tschüss. Heute ist es natürlich keinem mehr zuzumuten, einmal im Jahr ein halbes Dutzend Kinder in den eigenen bescheidenen 16 Zimmern zu beherbergen. Die Kuchenkrümel im Wohnzimmer, die Fettfinger an der Hochglanzküchenfront und dann diese schauspielerische Glanzleistung, am Abend den Eltern auf die Frage »War alles gut?« ein entspanntes »Alles im Lack!« entgegenzugrinsen, während sich in der Küche die Aspirinschachteln stapeln – und der teure Lack der Designermöbel natürlich ab ist.

Die Lösung heißt also: den Partyplaner kommen lassen. Aber wo und wie? Was ist, wenn man für zwei Monatslöhne einen Zauberer, einen Jongleur und einen Großwildjäger einlädt und die Kinder hinterher nur so semibegeistert sind, weil das Mitgebsel-Smartphone das falsche Modell war? Da gibt's nur eins: vorher testen!

Um unsere beiden im Hochsommer liegenden Geburtstage optimal vorzubereiten, habe ich direkt nach Weihnachten angefangen, Probepartys zu schmeißen. Anlässe, die Kinder zu belohnen, gibt's ja genug. Zum Beispiel, wenn sie es schaffen, a) aufzustehen, b) ihre Trinkflasche aus dem Turnbeutel zu nehmen, bevor sie ein begehrtes Retromodell auf eBay wird, oder c) einen Zwischenatmer auszuführen.

Zum Aufwärmen habe ich erst mal was Erlebnispädagogisches gebucht: den Wald-Geburtstag. Eine Studentin namens Nele mit strähnigem Haar, Kompass und Campingkocher hat das halbe Dutzend Probanden an den Stadtrand mitgenommen und geflötet: »Ihr dürft jetzt mal nach Lust und Laune mit allen Sinnen die Natur genießen!« Was der Klassenkasper

Linus so interpretierte, dass man aus aufgeblasenen Fröschen Ballontiere formen sollte. Aber Nele schritt sofort ein. »Ich werde den Begriff ›Wald‹ jetzt erst mal kindgerecht erklären!«, versicherte sie mir und fing auch sofort damit an: »Nein, Elias, ein Wildschwein kann man nicht in den Rückwärtsgang schalten!«, oder: »Es ist prinzipiell okay, wenn du die Lisa einbuddelst. Aber markiere die Stelle wenigstens mit ein paar Tannenzapfen.« Abgesehen von der Tatsache, dass kein Kind wusste, wie man im Freien pinkelt, ohne seinen Luxussneakers ein innovatives Muster zu verpassen, war es ein sehr schöner Nachmittag, auch wenn Nele am Ende darauf beharrte, ALLE Kinder wieder aus dem Wald herauszuführen. Tja, man kann eben nicht alles haben.

Für den Fall, dass es regnet, habe ich natürlich auch noch ein paar In-House-Varianten getestet. Zuerst den Klassiker: Piraten-Geburtstag. Die nette Frau mit den echten schwarzen Zähnen hat zunächst mal behutsam erklärt, dass es keinen Unterschied zwischen »mein« und »dein« gibt. Die meisten wussten das schon, also konnte es fix losgehen: unter lautem »Attaaaacke!«-Gebrüll vom Kronleuchter schwingen, Jack-Sparrow-Perücken aus alten Putzlappen basteln und dann mit selbst gebastelten Rohren auf die Teilnehmerinnen des Kaffeekränzchens im Nachbargarten feuern. Nur als Frau Goldzahn dann eine Serviette ankokelte, daraus eine Schatzkarte bastelte und verkündete: »So, jetzt geht mal ins Schlafzimmer von Mama und Papa, die verbotene Kiste suchen«, ging's mir irgendwie ein bisschen zu weit. Habe sie dann gefragt, ob es in Ordnung sei, sie mit Schoko-goldmünzen auszuzahlen. Das fand sie voll okay. Ich schätze, sie wollte einfach wenigstens ihr linkes Auge behalten.

Richtig sympathisch war mir der Physikstudent im Karopullunder, der bei uns probeweise einen Pisa-Geburtstag ausgerichtet hat. Ist ja momentan schwer in. Da gibt's coole Wissensfragen: »Wie viele Hotdogs schafft ein Achtjähriger, der 1,46 m groß und 48 Kilo schwer ist, pro Stunde, wenn er für einen 2 ½ Minuten braucht, und wie kriegt man die Kotze nachher aus den Fußleisten?« Beim anschließenden Bewegungsspiel blieben die Teilnehmer nur so lange auf der Akropolis-Hüpfburg, wie sie altgriechische Vokabeln rufen konnten. Und auch wenn ich nur die Basisversion genommen hatte, war es gut zu wissen, dass gegen einen niedrigen fünfstelligen Aufpreis Ranga Yogeshwar aus der Sieben-Weltwunder-Torte gesprungen wäre und uns wahlweise die Quantenphysik oder die Darmspiegelung erklärt hätte.

Am Ende entschied ich mich dann doch für was Klassisches. So wie man in der Umkleidekabine trendige Fetzen anprobiert und aussieht wie der Grüffelo nach einem Wildunfall – da freut man sich am Ende auch immer, wenn man wieder seine alten labberigen Jeans anhat. Ich nahm also den Mobbing-Geburtstag. Viel Retrocharme, aber mit modernem Touch: Blindekuh spielt man etwa, indem man der kleinen Chiara-Elayne ihr Tinkerbell-Pflaster vom linken Auge reißt. Und beim Versteckspiel sagt man einfach dem doofen Nachbarskind, dass es bis zwanzig zählen soll, und geht solange mit den anderen ins Kino. Dazu kommt natürlich der beliebte Klassiker »Kopfschlagen«. Oder auch »Puck, puck, puck, was soll der tun, dem dieses Pfand gehört?« (Die Hose runterlassen und dabei Zigarre rauchen. Das Foto wird dann in der WhatsApp-Gruppe der 3 b verschickt.)

Und am Ende singen dann alle:

Heute kann es regnen,
Stürmen oder schnei'n.
Den doofen dicken Levin,
Den lassen wir nicht rein.

Bei meinem Selbstversuch habe ich übrigens auch gelernt, dass das Anstrengende an so einem Happening nicht nur die Horden von Kindern sind. Eine Schneise der emotionalen Verwüstung hinterlässt oft auch der unvermeidliche Bring- und Abhol-Kontakt mit deren Eltern. Daher fürs nächste Mal meine überlebenswichtige Liste:

SÄTZE, DIE ELTERN AUF EINEM KINDERGEBURTSTAG N I E SAGEN SOLLTEN

- *Ich hoffe, der Ruben hat keine Whiskybowle-Intoleranz.*

- *Wäre es okay, wenn der Jim-Bob nur kurz klingelt und das Geschenk abgibt?*

- *Schön, dass die Annalena da war, obwohl sie ja nur der Ersatz für Lara-Sophie war, die konnte ja nicht.*

- *Ist es okay, wenn wir am Kino-Eingang sagen: »Die sind alle schon 16«?*

- *Habt ihr von dem Conni-Buch zufällig noch die Quittung?*

- *Der Tom hat sich beim Basteln ein wenig mit dem Schlagbohrer verletzt, aber er braucht die linke Hand doch nicht wirklich, oder?*

- *Von wem hat der Rocco eigentlich die ganzen versauten Wörter?*

- *Weiß einer, wie man 1-2-3-Fritten wieder aus dem Gehörgang herausbekommt?*

- *Wir hatten uns doch die Nummer 2958934829479 von Playmobil gewünscht, das war doch eindeutig!*

- *Leon? Der war doch vorhin bei der Schnitzeljagd in der Baugrube noch da?*

WARUM ALL-INCLUSIVE SO ANSTRENGEND IST

URLAUB AM SEIDENEN BÄNDCHEN

Eltern sind 24 Stunden am Tag im Dienst – und zwar als Allrounder: Basteltante, Flugzeugbauer, Vorleser, Kuchenbäcker, Teddynasenannäher, Hinterherwischer, Alleserlauber. Sprich: Für die Kids ist man Gott. Denkt man jedenfalls – bis man den ersten All-inclusive-Urlaub bucht und einem dieser Titel offiziell abgejagt wird von braun gebrannten Tusneldas und drahtigen Hallodris, die in ihre hippen Headsets stammeln: »Ja, kommen Sie ran, wir beißen nicht, wir sind ja keine Amateure, sondern Animateure!«

Diese schmerzliche Erfahrung habe ich zumindest bei unserem ersten Rundum-sorglos-Urlaub auf Malle machen müssen. Dass es überhaupt so weit kommen konnte, ist mir schon ein Rätsel. Mal ehrlich: Früher haben wir sie doch immer belächelt, diese All-inclusive-Softies. Urlaub, das war doch immer Wandern durch irische Bergdörfer. Rock am Ring mit Dreitagesration Erbsensuppe. Wir wussten, was »Der Wasserhahn tropft immer noch« in der jeweiligen Landessprache heißt, und haben uns vorher über ethnische Minderheiten und bekleidungstechnische No-Gos informiert. Und jetzt das: der erste Vollkasko-Urlaub.

»Das ist total super«, hatte mir meine cluberprobte Freundin Birgit geraten. »Du musst dich um nix kümmern. Ich sage ja immer, Hauptsache, die Kids haben Spaß!« Da war es also, das K.-o.-Argument, das sich auch für beliebige andere Torturen wie Fingerfarben, Herbstkirmes oder Spaghetti-Fertiggerichte anwenden lässt. Also gut.

Schwupps, einmal durch die Zaubertür, und schon befindet sich die Familie im Innenhof einer 500-Zimmer-Burg, die wohl den ökologischen Fußabdruck eines Brontosauriers hinterlässt. Doch dann blinkt da ein Schild auf wie eine Oase in der Wüste, die glänzende tropische Früchte und türkises Quellwasser verspricht: »Kinderbetreuung 10–20 h«. Daneben stehen zwei breit grinsende junge Menschen in engen pinken Poloshirts, verteilen Gratis-Ausmalbilder und stellen ungeniert ihre Herkunft zur Schau: »Olà, wir sind die Mandy und der Maik aus Kämmnitz und wünschen eusch einen dollen Ürlaub!« – »Tschaka!«, machen dann alle ankommenden Eltern und sind sich sicher, dass dies die geilsten Ferien werden seit der Campingtour 1987 bei Monsters of Rock.

Das Schlimme daran zeigt sich jedoch alsbald: Die Kinder wollen freiwillig fremdbetreut werden und verzichten großmütig auf Eingewöhnungsphasen. Schon um fünf Uhr in der Früh hallt es durchs Apartment: »Mama, dürfen wir gleich in die Kiddy-Corner?

Die haben da eine Schaukel *und* ein Trampolin!« – »Ja, und? Hast du im Garten auch!«, entfährt es uns in Stereo. »Und einen Sandkasten, drei Bobbycars, sieben Waveboards und eine preisgekrönte Lipizzanerstute!«

Erschreckend, wie sich sonnenbankgegerbte Zonen-zwanzig-Somethings das Vertrauen unserer Kinder erschleichen können, nur weil sie fladderige Malvorlagen aus dem Internet in mieser Nadeldruckerqualität verteilt haben und »Öla!« für Spanisch halten.

Damit sind sie natürlich tausendmal cooler als wir Amateurerzieher, deren Restkompetenz sich schon beim Frühstück in einem einzigen jämmerlichen Satz wiederfindet: »So, Frollein, jetzt ist Schluss, sonst gibt's heute kein Eis!« Totale Unterwerfung wegen eines Schüsselchens Vanillesurrocat mit Stabilisator. Politiker, vergesst wirtschaftliche Sanktionen, sagt dem Kim Jong-un einfach: »Jetzt mal Schluss mit den Atomtests, sonst gibt's kein Eis mehr!«

»Pöh, dann geht doch!« will ich nach dem morgendlichen Mahlzeitmassaker sagen, aber da dackeln sie schon jubelnd zur Spaß-Stasi, die heute androht, aus zerschnippelten Strohhalmen Modeschmuck zu kreieren. Und zwar bis 18 Uhr.

Während dieser Zeit warten wir auf einer Plastikbank vor dem Betreuungsbunker. Falls mal was sein sollte. Ist aber nix, außer dass wir die ständigen Aufforderungen der anderen Ama-, äh, Animateure, »mal ein bisschen Spott« zu machen, konsequent abschütteln. Nordic Walking mit Irene. Volleyball mit Arne. Downhill-Basejump-Freefall-Climbing mit Joey Kelly. Wer braucht so was?

Nach acht Stunden spuckt der Blagen-Bungalow ein Dutzend selig grinsender Niños und Chicas aus, die allesamt eine Kette in der Hand halten, die selbst bei einer Desigual-Verkäuferin Augenirritationen hervorrufen würde, aber den Coolness-Faktor der Bespaßungsbrigade mal wieder alarmierend erhöht hat.

Dann gibt's Abendessen. Der Wettbewerb »Wer packt sich das meiste auf den Teller?« ist bereits in vollem Gange. Es gibt Pommes, Salat, Schnitzel und Pudding. Damit man weiß, was was ist, steht drunter: »Pommes, Salat, Schnitzel, Pudding«. Eine überlebenswichtige Information. Wer irgendwo in Buffetnähe einen freien Tisch sieht, ruft schon vor dem Eingang: »Kirsten, hiiiier, hiiier!« Isst man dann seinen Nachtisch – vorausgesetzt, man hat den Pudding identifizieren können –, scharrt hinter einem schon die nächste Familie mit den Hufen, und zwar mit den Worten: »Don't worry, we have time.«

Das Stresspotenzial ist also schon am ersten Tag so enorm, dass man nicht warten kann, bis sich die goldenen Türen des TÜV-geprüften Kinderentertainments wieder öffnen. Und dann brüllt die Gute-Laune-Mafia auch schon in ihr Headset: »Söu, alle Kindoh, die Böck auf Danzen haben, können jetzt moh herkooooommmmen! Hiah staischt die megakuhle Discöparty!« Das Signal, die eigenen megadoofen Eltern einfach mitsamt ihren feuchten Domestostüchern und Magentabletten (reine

Vorsorge) zurückzulassen und einfach mal einen »Motsspohß« zu haben.

Nachdem die Kinder sich zwei Stunden lang mit Polonaise bolognese, *Schnieh-Schnooh-Schnoppi* und einer zähen A-TEM-LOS-Dauerschleife ausgepowert haben, tapern sie immerhin freiwillig in die Koje. »Mama, die Mandy ist viel netter als du«, höre ich abends beim Ins-Bett-Bringen.

»Klar, die wird ja auch jeden Tag von ihrem Meck-Pomm-Maik durchgenudelt«, möchte ich am liebsten antworten, stattdessen höre ich mich sagen: »Na ja, die müssen ja auch pro Tag ihre vorgeschriebene Anzahl von Gästekontakten abarbeiten und daher auch mit dir spielen, Schatz.«

Immerhin, das »Die ist auch viel hübscher als du!« kontere ich mit einem amtlichen: »Wenn ihr keinen Reit-, Gesangs- und Ballettunterricht hättet, hätte ich genug Kohle, um mir die Orangenpelle von den Hüften absaugen zu lassen. Und ob das Hotel-Logo auf der Arschbacke in 20 Jahren noch so schön aussieht wie jetzt? Ich sage mal: Nö. Und jetzt: Schlafen! JETZT!«

Schlafen – läuft. Nur 23-mal wieder aufgestanden, viel entspannter als zu Hause. Das Fatale ist, dass in der Anlage die Zwergenbespaßung am Abend nahtlos in Rentnerbetüddeln übergeht. Der Plan, in einer sternenklaren Sommernacht einfach mal entspannt mit einem Glas Wein auf der Palmenterrasse zu sitzen und über den Kegelklub »Die Rumkugeln« am Nachbartisch zu lästern, wird damit perfide durchkreuzt. Denn die Animateur-Arschgeigen haben immer noch nicht Feierabend. »Heute ist Dörty-Dännzing-Ohmd«, verkündet Maik, der den Film offenbar nicht kennt und nicht weiß, dass da eine Hebefigur kommt. Freudig gucke ich auf die kräftige Blonde links außen, die gerade noch Gläser abräumt, aber bestimmt gleich die weiße Tischdecke zu einem Jennifer-Grey-Leibchen umfunktioniert. Aber nein, sexy Mandy gibt die Schenni, und die midlifekrisengeplagten Eltern klatschen euphorisch außerhalb des Taktes mit.

Wieso begafft man eine unfreiwillige Persiflage eines Films, der in den 80ern schon so sexy war wie ein Probierstrumpf von Deichmann– mit einem »Pötrick Swoisieh« in der Hauptrolle, der aus dem balladesken »She's like the wind« auch noch »Schisse im Wind« macht?

Ich komme mir die ganze Zeit vor wie diese pikierte rotnasige Zuschauerin bei »Hurz«, die so gar nicht den rechten intellektuellen Zugang finden mag. Gerade will ich die Bühne stürmen und bei einer Guerilla-Lesung Texte von Rainer Maria Rilke und Andreas Bourani zitieren, um auf die eingeschränkte Meinungsfreiheit in Kasachstan aufmerksam zu machen, als mir der fröhliche Mönchengladbacher Kegelklub von nebenan eine waldmeistergrüne Cocktailimitation auf den Tisch stellt – in einem Zwei-Liter-Glas. Also habe ich kurzfristig eingelenkt. Man muss auch mal fünfe gerade sein lassen, neewoh.

»Was macht ihr denn da?«, frage ich 14 Tage später am Flughafen die *Kid's-Club*-Touristen, die sich am Morgen unter Tränen von den sächsischen

Spaßraketen verabschiedet haben. Das Profil von Mandy und Maik auf Insta suchen? »Nö«, ertönt es gelangweilt. »Nur das Video bei YouTube hochladen, wo Papa den Flip-Flop-Weitwurfwettbewerb gewinnt.«

»Na, dann bin ich ja beruhigt«, raune ich müde. »Ich dachte schon, ihr hättet es mitbekommen, dass ich bei der Abschlussparty doch noch die Las-Ketchup-Imitation gemacht habe.«

»Keine Sorge, Mutti. Die hat die TUI schon in ihre Werbung eingebaut. Guck mal da oben!« – »Aseddehippippboppudebiieet!«, hallt es durch die Abfertigungshalle, und ich schaue in Zeitlupe hoch zum sechs mal acht Meter großen Bildschirm, wo ich in einer Dreierreihe mit einem Sparkassenberater in Strapsen und dieser Kassiererin aus Paderborn mit dem fetten Sonnenbrand Armbewegungen irgendwo zwischen *Saturday Night Fever* und integrativem Töpfern ausführe. Kein Wunder, dass Papi schon einen Flieger eher genommen hat. Ich ziehe mir die Baseballcap tief ins Gesicht und raune in mich hinein: »Memo to myself: Nächstes Jahr machen wir eine Eselwanderung in Anatolien.«

WIE MAN SO TUT, ALS WÜRDE MAN FREMDE KINDER MÖGEN

DAS LEBEN DER ANDEREN

Es gibt Momente, an die sich Eltern immer wieder zurückerinnern: erster Zahn, erster Schultag, erstes Mal die eigene Bastion der Glückseligkeit zerstören lassen von jenem unvermeidlichen Übel, das da heißt: andere Kinder.

Ding-dong.

Hallo, so, da bin ich. Hallo, Ti-hill. Sooo, Spielzeit vorbei. Und, hat alles gut geklappt? Hat der Till sich benommen? Komma her, du kleiner Wämser!

Ja, da isser ja. Till, du hast ja super mit der Lena gespielt. Gut, dass du sie nackig ausgezogen und ihre Klamotten in die Restmülltonne geworfen hast, das war jetzt nicht soooo toll, aber es sind doch Kinder, höh!

Ja, genau, die muss man einfach lassen.

Genau!

Und beim Essen war er auch lieb?

*Ja, natürlich. Total unkompliziert. Also, der isst
ja alles. Käsebrote, Heringsstipp, Sesamstangen
mit Mayo, Mozzarellasticks, Buttercremetorte,
Aal in Aspik – hat er alles aus dem Kühlschrank
geholt, der kleiner Racker.*

Oh, das ist mir jetzt aber ...

*Nein, nein, alles okay, ist alles okay, er hat
alles ganz ordentlich ausgekotzt. In die
Katzentoilette.*

**Ja echt, also, wenn er dir Arbeit gemacht hat,
Mensch, hättste doch anrufen können, ich war
doch nur eben bei Rossmann, bei Ernsting's und
beim Familiengericht.**

*Ach woooo! Ich finde es doch toll, wenn Kinder
noch Kinder sind und nicht so uniformierte
Jasager.*

**Till, kommst du, die Mama ist da! Das ist mir
aber jetzt doch ein bisschen peinlich ...**

*Nein, nein! Alles prima, alles bestens! Die haben
wirklich schön gespielt. Also, zumindest in
der Zeit, in der Lena auch ins Zimmer durfte.
Gut, sie hat dann ein bisschen im Wohnzimmer Fernsehen geguckt. Breaking Bad, zweite
Staffel.*

**Mensch, Till, was muss ich da hören! Das war
aber gar nicht schön von dir!**

*Nein, nein, es ist okay, es ist okay. Sie haben
ja am Ende noch schön geknetet. Mit der*

Haftcreme aus Omas Nachtschränkchen. Werde ich wohl gleich ein bisschen die Reste abspachteln müssen vom Bildschirm, nä.

Also, das ist mir aber jetzt total ...

Iiih wo, ich habe doch die Speziallappen von Jemako, das geht ruckzuck.

Ja, Till, dann zieh mal deine Schuhe an.

Ach, seine Schuhe, ja, hatte ich ganz vergessen. Er ist ja die ganze Zeit in meinen High Heels rumgelaufen.

Till!

Ach, lass mal, Kinner sind Kinner! Okay, Till, dann zieh mal deine Schuhe an. Und wo sind die Stoppersocken? Lena, wo sind Tills Stoppersocken? Was? Ich verstehe dich nicht. Was? Ach, da sind ja die Stoppersocken! Ja komm, Lena, dann spuck sie halt aus!

Ja, okay. Dann kann die Lena ja nächste Woche mal zu uns kommen!

Priiiiima! Das wäre ja schön. Ich finde es nämlich total wichtig, dass die Kleinen auch mal lernen, dass es nicht überall so schön iss wie zu Hause, ne. Schü-hüs!

WARUM ELTERN VOM LANDLEBEN TRÄUMEN

GENERATION GÜLLE

Eine alte irische Weisheit lautet: »Als Gott die Zeit machte, machte er viel davon.« Ein Motto, das in den streng durchgetakteten Familien-Organigrammen längst abgelöst worden ist von dem Leitsatz: »Verschiebe nie auf morgen, was *amazon prime* dir heute schon bringen könnte.«

Ich weiß nicht, warum, aber irgendwann kam ich nach einem Tag, an dem ich mal wieder total abgehetzt einkaufen musste und ewig am Mehrwegflaschenautomaten gebraucht hatte (obwohl ich immer schon parallel an zwei Öffnungen einwerfe!), mit einer Zeitschrift nach Hause, die den schönen Namen *Landkind* trug. Eine Art gedruckter *Kinder-Country*-Riegel und neudeutsch für »Wir hatten ja früher nix, und das war schön!«. Irgendwann tätigt man solche Verzweiflungskäufe, weil einem vor lauter Blinken, Piepen und Flirren sämtlicher Haushaltsgeräte der Schädel brummt. Leider kommt man mit so einer Postille auch nicht runter.

Auf dem Titelbild: ein Layoutunfall mit undefinierbaren Tannenzapfentieren, die genauso fies aussahen wie diese gammeligen »Fuchs-und-Elster«-

Figuren vom Ost-Sandmännchen. Offenbar gestaltet der Grafiker nebenher auch diese neonfarbenen »Ich-kaufe-Ihr-Auto«-Karten oder die reizüberfluteten Rezeptseiten in der *Bella*.

Beim Durchblättern sieht (und riecht man förmlich) Rustikalromantik pur: mehrseitige Storys über Kinder, die eine Tischdecke mit Apfelspalten bedrucken oder Kürbisgesichter schnitzen, die aussehen wie eine Mischung aus Claudia Roth und Freddy Krüger. Bastelanleitungen für Hanfpuppen, Gedichte über Kastanienbäume oder, kein Scherz, Tiere, die das Wetter vorhersagen! Wenn sich das Hausschwein im Schlamm suhlt, erfahren wir dort, dann wird das Wetter gut! Anscheinend sind Dialoge wie dieser bei der Landbevölkerung gang und gäbe: »Mama, was für einen Pulli soll ich anziehen, den dünnen oder den dicken?« – »Na, schau doch erst mal, ob sich das Schwein im Dreck suhlt!« – »Wieso, Papi ist doch noch auf der Arbeit ...?« Weiter heißt es: »Amseln singen üblicherweise frühmorgens und gelegentlich auch abends. Ein lautes Flöten zur Mittagszeit oder am frühen Nachmittag kündigt einen plötzlichen Regen oder sogar ein Gewitter an« – oder den Hermes-Aushilfsfahrer, der Frau Riedmüller von nebenan wieder ihr *Zalando*-Paket bringt.

Wer liest so was? Die Anwältin von nebenan mit den zwei Nannys, die in ihrer knappen Freizeit Weidenkörbe flicht, Armstulpen aus Pannesamt näht und jeden Tag einmal mit dem *A8* zum nächsten Biomarkt brettert, um fürs Abendessen schnell noch eine Handvoll frische Rauke zu holen? Die

Niedrigenergiehaus-Familie (Provinz-Petra, Vorstadt-Vati und Schurwoll-Sharon) vom Stadtrand, die glaubt, dass der Quark von *Landliebe* tatsächlich von einer Magd im ungefärbten Baumwollleibchen in einem Holzbottich auf der Voralpenalm gerührt wird? Oder Teeniemütter aus dem betreuten Wohnen, die glauben, dass ein Schokoriegel gesund ist, weil er im Werbespot auf einem goldenen Heuballen lag?

Es ist die Saatbombenmutti in uns allen, die von einer Welt ohne Capri-Sonne und gummierte Manga-Applikationen auf Billig-T-Shirts träumt und die für Marktforscher inzwischen eine feste Größe ist. Es sind jene Urmütter, die auch diese agrarromantischen Wettkochsendungen mit so schönen Namen wie *Land & lecker*, *Lecker aufs Land* oder *Leck mich am Arsch, du Landluder* im Regionalfernsehen gucken. Das ist das öffentlich-rechtliche Mittelschicht-Pendant zum Promi-Dinner, nur mit noch peinlicheren Kandidaten. Das Konzept: Ein halbes Dutzend naturbelassene und leicht welke, aber hochgradig angeschickerte Frischluftarbeiterinnen wird in einem VW-Bus über den Acker kutschiert, um bei einer rotbackigen Münsterländer Milcherzeugerin, die beim Casting für *Bauer sucht Frau* 2 % überm dort erforderlichen Höchst-IQ von 60 lag, Schweinskopfsülze mit Schwarzbrothippen nach dem Hausrezept von Opa Hinnerk zu verkosten, die von zauseligen, aber zupackenden Kindern mit Silberblick und Juteweste hereingetragen werden.

Alle wollen zurück in die gute alte Zeit, doch wann war die eigentlich? Als Lehrer noch prügeln durften und schimpfwortspeiende Kinder sich den Mund mit Seife auswaschen mussten? Als einmal die Woche Badetag war, und zwar für Mensch und Viehzeug im selben Waschzuber (und das Duschgel noch nicht die gleichen Geschmacksrichtungen hatte wie der Joghurt)? Als man im Haus noch auf Hühnerfutter ausgerutscht ist und nicht auf Bügelperlen?

»Früher«, das ist eine diffuse Reißbrett-Bauernidylle, in der die Playstation »Drehbank« heißt, *One Direction* nichts als eine schnöde »Einbahnstraße« ist und ein Junior-Tablet zwei Holzgriffe und ein Rosenmuster hat. Die Einzigen, die in dieser Weichholz-Wunderwelt einen Nasenring und zauselige Hipster-Bärte tragen, sind die schottischen Galloway-Rinder von Biobauer Birk.

Das Landleben muss herhalten für ein Sinnbild von Muße, dabei ist der Bauernhof einer der wenigen Orte, wo tatsächlich noch gearbeitet werden muss. Würde man eine *Landkind*-Leserin tatsächlich 24 Stunden auf einem echten Agrarbetrieb einsperren, sie liefe Amok, weil sie im Umkreis von 200 Kilometern keinen Shop findet, in dem Wackelaugen für die Zombie-Zapfen auf den Bastelseiten gibt. Die Einladung auf einen Latte hätte in einer Fünf-Seelen-Gemeinde im Ostharz wohl eher was mit kollektivem Zaunstreichen zu tun, und das Kind würde ganz schön doof gucken, wenn es in der Bauernküche auf die Frage: »Wo ist meine Milch?«, nur hört: »Noch in der Kuh.«

Lust auf das Langsame, das Urige und Erdige will sie machen, die Zeitschrift *Landkind*, stattdessen transportiert sie auf 120 vermutlich nicht mal chlorfrei gebleichten Seiten die Botschaft: Früher war auch scheiße.

Ein zutiefst abschreckendes Beispiel finden wir unter der Überschrift »Geruch im Geschirrspüler«. Dort ist ein scheel grinsender Junge im grünen Rollkragenpullover und einer mit der Heckenschere geformten Frisur vor einer geöffneten Spülmaschine abgebildet, der in der einen Hand einen Löffel, in der anderen eine Tüte Natron hält. In der Bildunterschrift erfahren wir, dass im Geschirrspüler verteiltes Natron Gerüche bindet. Dieses Kind wird wahrscheinlich in 20 Jahren in der Sendung *Landkinder blicken zurück* von Olli Geißen gefragt werden: »Und, Ulf, welche Kindheitserinnerungen hast du so?«, und selig antworten: »Ich durfte jeden Sonntag einen Löffel Natron in die Spülmaschine geben, um unangenehme Gerüche zu binden. Deswegen bin ich auch nicht auf die schiefe Bahn geraten und in der Schule sogar zum Natron-Boy des Monats gewählt worden.«

Der eigentliche Knüller ist aber eine Riesenstory mit dem Titel »Ein Stock und viele Ideen«. Hier erfahren wir, dass der gute alte Stock ein wahrer Tausendsassa ist und die Fantasie der Kinder anregt wie kaum etwas anderes (mal abgesehen von *Counter Strike* für die *Xbox*). Liebe *Landkind*-Redakteure, ihr habt da echt nicht sauber recherchiert. Mit Stöcken kann man nämlich noch viel mehr machen als ein Windspiel oder einen Waldschrat basteln! Man kann ihn zum Beispiel mit dem Outdoormesser schön anspitzen und sich dann mit Birnendicksaft die Visage von Jack Wolfskin auf die Wade tätowieren. Man kann den ganzen *Landkind* lesenden Muttis damit ein Beinchen stellen, wenn sie gerade in Smartphones schreien: »Okay, *Google*, wie komme ich aus dem Scheißstadtpark jetzt wieder raus?« Oder man schnitzt ein paar Kerben rein, klebt oben olle gelbe Wollreste dran und postet es auf Heidi Klums Instagram-Account. Sicher kann man auch prima einen Selfiestick daraus machen und dann per WhatsApp verkünden: »Hallo, Mama, wir sind im Garten hinterm Haus.« – »Oh Gott, bleibt ruhig, ich komme, wie sind die Koordinaten?«

Kurz, wenn uns das Großstadtleben so stresst, dass wir uns für fünf Euro eine Zeitschrift kaufen, die uns mitteilt, dass Paprika, potz Blitz, viel Vitamin C enthält und bei Regen die Schnecken rauskommen, dann sollten wir Erwachsenen doch vielleicht stattdessen lieber auf andere Weise ein bisschen Landleben in unseren hektischen urbanen Alltag integrieren. Vielleicht die Kinder mit der Strickliesel aus ungefärbter Schurwolle eine Abdeckhaube für den Webergrill häkeln lassen. Mal gemeinsam als »Eltern-Kind-Erlebnis« eine Güllebombe in den piefigen Vorgarten von Dengelmanns werfen. Oder einfach mal zwei Stunden früher aufstehen und mit dem Trecker zur Schule fahren.

WENN KINDER NICHT AUFSTEHEN WOLLEN

DAS MORGEN-MONSTER

Es gibt ja Handbücher für Eltern, die sind purer Humbug. »Aufräumen macht Spaß« etwa, oder auch der Klassiker »Jedes Kind kann schlafen lernen«. (Vom selben Autor erhältlich: der Sachbuchknaller »Elvis lebt« und der Diätratgeber »8 Kilo in 3 Tagen«.) Kurz, Einschlafen ist bei uns ein Dauerthema – kein Wunder, wenn zwei Stunden später schon wieder Aufstehzeit ist. Hier ein Protokoll unseres allmorgendlichen Rituals.

6.40 UHR

Der einen Sonnenaufgang imitierende Tageslichtwecker schickt erste weiche Lichtstrahlen an die rosafarbenen blümchenumrankten Wände. Leises Froschgequake und Grillengezirpe sollen ein sanftes Aufwacherlebnis begleiten. Kind 1 schläft tief und fest.

6.42 UHR

Sanft schiebt Mutti die Vorhänge zur Seite, flüstert: »Guten Morgen, Prinzessin, gaaaanz langsam wach knubbeln«, und streicht behutsam mit einer

Flamingofeder über die sich sachte auf und ab bewegende Bettdecke. Das Kind entschließt sich zu einer verbalen Aussage mit 280 Dezibel: »ÄÄÄÄ-ÄÄÄÄHHHH! MADDASLICHAUS!!!«

Mutter: »Komm, Schatz. Papa hat schon Spiegelei in der Herzchenform gemacht, frische Croissants gebacken und Rosenblätter auf den Küchenfußboden gestreut.«

Kind 1: »WÄÄÄHHH! GEHRAUS! WILLSLAAFEN!«

6.45 UHR

Der ganzjährige Adventskalender wird ins Zimmer geschoben. Feldversuche hatten ergeben, dass im Dezember immerhin schon nach dem vierten Weckruf ein erstes Lebenszeichen unter der Bettdecke zu vernehmen war.

Mutter: »Schau mal, noch 23 Tage bis zu Onkel Gerds Namenstag. Willst du nicht aufstehen und schauen, was drin ist?«

Kind 1: »Nöööh! Da ist bestimmt wieder nur so eine olle Eiskönigin-Barbie drin. Oder ein neuer Nintendo Switch. So 'n Kleinscheiß will ich nicht!«

Vater: »Ich mach das nicht mehr mit! Jeden Morgen dasselbe Theater! Heute ist Fernsehverbot, Frollein!«

Kind 2 (das wie immer vorbildlich aufgestanden ist, um noch 20 Minuten mit Schulfreunden zu schreiben, die es eh gleich alle sehen wird): »Hat sie eh schon.«

Vater: »Was?«

Kind 2: »Fernsehverbot. Und Malverbot, Bastelverbot und Süßigkeitenverbot.«

Vater: »Dann, dann, dann ... hast du eben auch Fernsehverbot!«

Kind 2: »Wieso denn jetzt ich?«

Vater: »Und ihr geht heute nicht zum Turnen!«

Mutter: »Bist du bescheuert? Turnen ist wichtig!«

Kind 2: »Könntet ihr euch mal auf einen einheitlichen Erziehungsstil einigen? Wo ist meine Haarbürste, und welcher Horst klingelt so früh an der Haustür?«

7.11 UHR

Wir lassen den Vertreter der Academy herein, der uns die Mitteilung überbringt, dass Kind 1 wegen seiner überzeugenden Darstellung eines Steins für den Oscar nominiert ist.

Kind 2 schleudert seine Cornflakes-Schüssel auf den Boden: »WIESO KRIEGT DIE IMMER ALLES UND ICH KRIEG NIE WAS?!?«

Vater zu Kind 1: »Anziehen, sofort, oder du kannst was erleben!«

Mutter: »Was denn?«

Vater: »Was?«

Mutter: »Ja, was kann sie denn erleben? Du machst immer so diffuse Androhungen, die ein Kind nicht einordnen kann.«

Vater: »Ist doch wohl scheißegal jetzt, ich habe gleich einen wichtigen Termin, verdorrinomma!«

7.16 UHR

Kind 1 sitzt auf der Bettkante – kippelt nach vorne und landet mit der Stirn in der vor dem Bett aufgebauten

Playmobil-Tierarztpraxis. *»AAAAAHHHH ... Jetzt habe ich mir wehgetan, nur weil du das doofe Haus da nicht weggeräumt hast!«*

Mutter: »Jetzt komm, mein Schnuffelhase. Ich habe dir auch deine Lieblingssachen rausgelegt.« Zu Kind 2: »Das hättest du ja wirklich wegräumen können. Du warst doch schon so früh fertig.«

Kind 2: »Wieso soll ich der ihren Playmo-Kram wegräumen?«

Mutter: »Aus Geschwisterliebe?«

Kind 1: *»Den Pulli ziehe ich nicht an! Und die Hose kneift! Entweder das rosa Kleid oder gar nichts!«*

Vater: »Okay, dann gar nichts!«

Kind 2: »Häha, du musst nackig zur Schule!«

7.20 UHR

Im Radio singt Madonna »Quicker than a Ray of Light«. Kind 1 hat sich wieder hingelegt.

7.21 UHR

Vati geht in den Klaus-Kinski-Modus über: »Du hast jetzt noch genau zwei Minuten! Ich komme heute wieder zu spät zur Arbeit, wenn das so weitergeht, dann werde ich arbeitslos, fange an zu trinken und werde den ganzen Tag auf der Couch sitzen und *Familien im Brennpunkt* gucken! Wo ist überhaupt mein Handy, mein Schlüssel, die Brille?«

Kind 2: »Guck mal in die Obstschale.«

Kind 1 fängt laut an zu schnarchen.

Vater: »WENN DU JETZT NICHT AUFSTEHST, KOMMT BELLO INS TIERHEIM!«

Kind 2: »Aber Papa, Bello ist doch schon tot!«

Vater: »WAS MICH NICHT DARAN HINDERN WIRD, IHN AUSZUBUDDELN UND INS TIERHEIM ZU BRINGEN!«

Kind 1 (auf einmal senkrecht im Bett) und Kind 2: *»Du bist voll gemein!«*

7.25 UHR

Mutti schmiert Vokabeln und hört Butterbrote ab, schickt Kind 2 zum Abschminken zurück ins Bad, legt aus Johanniskrautkapseln das Yin-Yang-Zeichen, erledigt die restlichen Matheaufgaben, wechselt die angeschimmelten Brotdosen und fischt die Playmaisreste aus der Blockflöte.

7.29 UHR

Kind 1: *»AAAAAAAAAAAAHWÄÄÄÄÄÄÄÄÄÄÄ-ÄÄÄÄÄHMUÄÄÄÄÄÄÄÄÄH!«*

Kind 2 erklärt genervt, dass man Badezimmertüren zuerst öffnen muss, bevor man durchläuft.

7.35 UHR

Vater ruft den Passanten auf dem Gehweg aus dem Badezimmerfenster mit einem Megafon zu: »Gehen Sie bitte weiter, es gibt hier nichts zu sehen!«, und sucht einhändig nach der Dose mit den Bärchenpflastern.

Kind 1: *»Bah, das esse ich nicht! Ich will Nougat-Bits!«*

Mutter: »Egal, du hast jetzt eh keine Zeit mehr zum Frühstücken. Zähneputzen schenken wir uns, hier ist ein Sensodyne-Kaugummi.«

Kind 2: »Das ist richtig, richtig fies, ich musste putzen!«

Eltern: »Das ist was anderes!«

7.44 UHR

Nordamerikanische Fährtenleser halten ihr Ohr auf den Asphalt unserer Spielstraße. »Da ist was!«, sagt der eine. »Du wirst einmal ein großer Krieger werden, Sohn!«, sagt der zweite. Und tatsächlich: Mit staubaufwirbelndem Donnern poltert die Büffelherde die Treppe herunter. Offenbar hatte sie etwas aufgescheucht – vielleicht die Aussicht auf einen Mehrkorntoast mit Curry-Grünkernaufstrich?

7.45 UHR

Ein ramponierter Kleinwagen mit offenen Türen und einem plärrenden Kind im Transportanhänger verlässt laut knatternd die Spielstraße in Richtung Sonnenaufgang.

8.01 UHR

Ein Kind im Karnevalsprinzessinkleid, mit einem halben Hagelslag-Toast an der Backe, einem Stück gelbem Abdeckklebeband (Bärchenpflaster waren alle) auf der Stirn und zwei verschiedenen Schuhen wird von seinen Eltern unter Protest an seinen Platz gezerrt.

8.03 UHR

Zwei sichtlich erleichterte Eltern klatschen sich auf dem Weg vom Schulflur zum Auto ab. Bis sie auf dem

Parkplatz den Wagen des Fotografen sehen, der heute das offizielle Klassenfoto schießen will.

Eltern: »Na ja, zumindest war's heute mal die richtige Schule.«

8.15 UHR

Eine Schulsekretärin zu ihrer Kollegin: »Ein komisch gekleidetes Kind aus der 1b hat sich übergeben und muss dringend abgeholt werden. Bei der Mutter geht keiner dran. Der Vater hat abgenommen und wieder aufgelegt. Was ist nur los mit den Menschen?«

WENN KINDER NICHT IN DIE HEIA WOLLEN

GEDICHT ZUM SONNTAG

Ich seh, wie deine Augen zucken,
drum bring ich dich ins Bett.
Viel lieber würd' ich Tatort gucken,
mit Käse und Baguette.

Die Vöglein schlafen draußen schon,
von Muttern treu begluckt.
Verdammt, wo ist das Babyphone?
Hast du das auch verschluckt?

Die Freunde träumen tief und fest,
Samantha, Finn und Inken.
Doch du, mein Kind, vergiss es jetzt.
Es gibt nix mehr zu trinken!

Ein Märchen noch, und dann ist Schluss.
Dornröschen heißt die Maid.
Die 100 Jahre schlafen muss,
ich spüre nichts als Neid.

Statt Schlummern ständig Rumgemotze!
Bist du nicht endlich still,
Schlepp ich dich rüber vor die Glotze
Und zeig dir Anne Will.

DAS GEKACHELTE TOR ZUR UNTERWELT

Welches sind die fünf Wörter, die an einem verregneten Sonntagmorgen am Frühstückstisch das größte Unheil heraufbeschwören? Ganz einfach: »Wir können doch schwimmen gehen!« Oder kriegen Sie es in Ihr Hirn, dass man die Höllenmischung aus Lärm-Inferno, Bazillen-Becken und abgrundtiefer gestalterischer Grausamkeit unter dem Namen »Spaßbad« bewerben darf?

Und was machen wir, die stets um den inneren Frieden ihrer Nachkommenschaft bemühten Erziehungsversager? Wir sagen O-KEH – gleich einer Wespe, die schon 13.235-mal erfolglos gegen eine Glasscheibe geflogen ist und frischen Mutes sagt: »Och, das probiere ich doch jetzt einfach noch mal!«

Was die amüsierwillige Masse an diesem gefliesten Mayday findet, geht einfach nicht in mein aquaphobes Weltbild. Beim letzten Mal habe ich mir geschworen: Das war der allerletzte Tag des Badeschlappen-Suchens, Poolnudel-Einpackens und Wechselwäsche-Vergessens.

Allein das Betreten einer solchen Einrichtung gleicht einer Dschungelprüfung: Wer es schafft, sich beim Umziehen in einer 80 x 80 cm großen Kabine keine Körperteile zu amputieren oder versehentlich Geschlechtsverkehr mit seinem Nebenmann zu vollziehen, und wem es dazu noch gelingt, sich unter einer auf 2-Sekunden-Schwall getakteten Eiswasser-Dusche ordnungsgemäß auf das Bad in der Menge vorzubereiten, ohne kritische Körperbereiche auszulassen, der steht alsbald in einer anmutigen Landschaft aus Plastikpalmen und Pommesschalen. Die Wasseroberfläche ist ein helltürkises Gemenge aus wohltemperiertem Badewasser und zerlaufenem Schlumpfeis. Lautlos, aber beharrlich lässt das blaue Nass blutige Pflaster und alte Haargummis an den Beckenrand schwappen.

In diesem Szenario stand unsere vierköpfige Familie. Und alle quietschten – die minderjährige Hälfte vor Vergnügen, die andere, weil sie mit der aufblasbaren Insel in der Größe Ibizas in der Durchgangstür feststeckte.

Aus Sicherheitsgründen blieben wir erst mal in der Nähe des Aufsichtspersonals. Genauso gut hätten wir auch mit Bleischuhen vom Fünfer springen können. Denn da thronte ER auf dem ehrwürdigen Hochsitz am Beckenrand: der King of Chlor, der Vater der Fußpilzbrausen, der teilrasierte Tiger mit Trillerpfeife, formerly known as der Bademeister. Ein strammer Bursche mit zu Schlitzen verengtem Blick, der irgendwie den Eindruck machte, als würde er ständig vergessen, auszuatmen. Sein klinisch weißes T-Shirt wies ihn als »Jens Happel« aus, ein unsichtbarer Aufdruck vermittelte außerdem: »Ich Bademeister, du nix!« Mit einem Siegerblick, gegen den Wladimir Klitschko vor dem Kampf aussieht wie Jörg Pilawa beim Fußmattenabklopfen, starrte er in die Menge: Professionell trennten seine Augen relevante Informationen von irrelevanten und fixierten inmitten plärrender Kinder und zeternder Rentner unbeirrt das Wesentliche: das tätowierte Steißbein einer präcellulitären Zwanzigjährigen.

Zwischen Klo und Putzraum fanden wir noch zwei Liegen, auf denen keine T-Shirts mit der Aufschrift »Bier formte diesen Körper« oder »Dünne sind nur zu doof zum Essen« die temporäre Inbesitznahme durch einen Zombie anzeigten. Von dort aus sahen wir angespannt dem bunten Treiben zu und stellten alsbald fest, dass in einer der Röhrenrutschen gerade ein Kleinkind feststeckte. Nämlich unser Kleinkind! »ÄÄÄÄÄH, DAAA!«, schrie ich nur in Richtung Bademeister. Doch Jens Happel hockte auf seinem Pfahl und kontrollierte aufmerksam den ordnungsgemäßen Sitz der Stringtangas bei der vorbeihuschenden Teenie-Clique. »Äh, Entschuldigung«, versuchten nun auch schon einige besorgte Badegäste seine Aufmerksamkeit auf den temporären Stau in der Elefantenrutsche zu lenken. Aber zu spät: Ein paar ungeduldige Kids hatten die Rutschfläche bereits mit ein wenig MonsterSlush geschmiert, und das zweijährige schreiende Etwas flutschte wie bei einer Sturzgeburt ins kühle Nass.

Ein paar Meter weiter stand breitbeinig ein kleines Mädchen und untermalte laut plätschernd seine verbale Aussage: »Lette dehn son zu spät!« Verzweifelte Blicke aus den umliegenden Stühlen hefteten sich anklagend auf den Hochstuhlhelden. Und, oh Glückes Geschick, da kam er auch schon, der David Hasselhoff von Wanne-Eickel. Die eine Faust supermanartig in Richtung dreckiger Glaskuppel geballt, bewaffnet mit Lappen und Eimer, zielte er ... 20 Meter am Ort des Geschehens vorbei, um ein sinnfreies Schild zu reinigen, dessen Aufschrift durch jahrelanges Einwirken von Pommesfett milchig geworden war: »Den Barfußbereich bitte nur mit Badelatschen betreten!«

Ein guter Zeitpunkt, um mal schön im Whirlpool abzuhängen. Dachten wir. Doch der war leider schon besetzt, und zwar mit Statisten einer Alice-Cooper-Tribute-Show. Im Zentrum des Bösen: ein Mann mit kürbisgroßen Oberarmen, auf denen der Gipfel aller Geschmacklosigkeiten grinste – ein tätowiertes Babygesicht, das durch den popeyesken Armumfang des stolzen Papas zur Fratze des Grauens mutierte. Die Liveversion dieser Karikatur wurde von seiner teilbezahnten Mutter gerade freudig grunzend durchs Wasser gezogen. Ihr Blick, den man bei herunterhängenden und mit kiloweise Piercings beschwerten Augenlidern nur erahnen konnte, sagte: »Schaut, wie unser Scheremi schon seine Körperfunktionen kontrollieren kann. So eine olle Pampers ist nur was für Pussys!«

Wiederum ging unser Blick kopfschüttelnd zum

Bademeister. Diesmal anscheinend erfolgreich: Da kam er schon angeschlappt und redete den Elternmutanten freundlich-routiniert ins Gewissen. »Hä-hä, gleich muss der Klops aussem Fass«, dachte ich. Aber nein – was der Adiletten-Adonis der Addams-Familie ins Ohr säuselte, war nur: »Hömma, Keule, eure Chickenwings sind fertig, soll ich se euch direkt an den Pool bringen?«

Wir hätten das Bad gerne fluchtartig verlassen, wäre da nicht diese 180 Kilo schwere Mehrfachmutter aus Crange gewesen, die mit ihrem voluminösen Oberkörper samt T-Shirt (›Ich würde ja abnehmen, aber dann wäre ich ja klug, hübsch u n d schlank, und das wäre nicht fair!‹) im Drehkreuz am Ausgang stecken geblieben war. »*Jens Happel, bitte einmal in den Kassenbereich*«, tönte es schon durch die Lautsprecher. Und da nahte er auch schon, der Altmeister der Arschbomben, der Held von Herne zwei, Chlor Heyerdahl persönlich, im Arm eine Kettensäge – allerdings raste er schnurstracks am Kassenbereich vorbei und gezielt in den Pausenraum, wo er wohl sein ballaststoffarmes Abendbrötchen fachmännisch in zwei gleich große Teile fetzen wollte.

Wir blieben also noch ein bisschen und schauten zu, wie ein Trupp der GSG 9 den Kindergeburtstag in der Piratenbucht auflöste, der ein wenig außer Kontrolle geraten war.

Wenn mir demnächst noch mal ein Minderjähriger am Frühstückstisch sagt: »Wir können doch schwimmen gehen!«, dann antworte ich: »Prima! Wir können uns auch gegenseitig ganz langsam die

Fußnägel ziehen. Oder den neuen Conni-Film im Kino gucken.«

DER KLASSEN-FAHRTSFEIND

Welcher Mann kennt ihn nicht, den Satz: »Schatz, heute nicht, ich habe Migräne – geh du doch bitte zum Elternabend!« Und das hat man dann davon. Beim letzten Mal, als ich der drohenden Versammlung von »Ich möchte gerne das Schulleben aktiv mitgestalten«-Eltern auf dem Blocksberg entkommen war, bekam ich von meinem Gatten auf die Frage »Und, haste mitgeschrieben?« fünf Seiten handschriftliche Aufzeichnungen vor die Nase gehalten, die noch am selben Abend am Rechner in folgendes Farbdrucker-pamphlet umgewandelt wurden:

Machen wir es kurz: So geht es nicht weiter!
Immer noch ist es an unserer Schule üblich, mit den Schülern »Ausflüge« oder sogar »Klassenfahrten« zu unternehmen. Dabei verzehren wir Eltern uns vor Sorge, wenn unsere Kinder durch Busfahrten, Wattwanderungen und Mahlzeiten mutwillig in Lebensgefahr gebracht werden. Und gesetzlich verboten werden solche Unternehmungen wohl erst, wenn wirklich einmal etwas

passiert – wenn also ein Kind hinfällt oder gar nass wird.
Deshalb müssen wir Eltern uns zunächst mit den
»Bochumer 12 Punkten« behelfen,
einem Forderungskatalog, den die Aktion
SIND SO KLEINE HÄNDE E.V. zusammengestellt hat.

12 FORDERUNGEN

VON ELTERN, DEREN KINDER OPFER EINER KLASSENFAHRT ODER EINES AUSFLUGS WERDEN

1. Bei Ankündigung einer Klassenfahrt: Sofort Krisenelternabend einberufen, dann wöchentlich wiederholen. Vorsorglich Strafanzeige stellen gegen alle Lehrer und Betreuer sowie die Schule, das Land NRW, die Bundesrepublik Deutschland und die UNO.

2. Es müssen mindestens 10 Mütter mitfahren, sonst gehen die Kinder an Hunger und Heimweh zugrunde. Außerdem: Technisches Hilfswerk, Feuerwehr, Polizei, mindestens sechs ausgebildete Lebensretter sowie Arnold Schwarzenegger persönlich.

3. Die Teilnahme an Klassenfahrten ist Kindern erst a b 1 8 J a h r e n erlaubt.

4. Wegen der bekannten Unfallgefahren dürfen keine Verkehrsmittel wie Flugzeug, Eisenbahn, Bus, Auto, Fahrrad, Schlitten, Schiff, Boot, Kanu etc. genutzt werden. Ausnahme: ADAC-Rettungshubschrauber (bei Fieber ab 37,5 °C).

5. Bei der Ankunft ist unverzüglich eine Telefonkette zu starten, wobei vorher keinesfalls festgelegt werden soll, ob diese alphabetisch, nach Sitzordnung oder nach Notendurchschnitt abzuarbeiten ist. Für die Traumabewältigung nach Scherzen wie »Bus ist angekommen, alle sind wohlauf, nur einer ist bei der Pinkelpause nicht wieder in den Bus eingestiegen. Wir arbeiten aber eng mit den Behörden in Rumänien zusammen!« kommt die Klassenkasse in diesem Jahr NICHT auf.

6. Kinder müssen nichts tun. Kochen, Hausarbeit, Gepäck tragen und Fußwege über 500 Meter sind viel zu belastend und gefährlich. Auf Forstfahrten gilt: Nur ohne Werkzeug und mit Stahlkappenschuhen. Und der Wald ist tabu.

7. Eltern sollten ihre Kinder mehrmals täglich weinend anrufen und ihnen klarmachen, dass es ihnen gerade gaaaanz schlecht geht (den Eltern und den Kindern).

8. Freizeit: Das Klettern ist verboten. Auch von Bordsteinen kann man gefährlich stürzen. Mindestabstand zu zugefrorenen Seen: 500 Meter. Dasselbe gilt im Sommer für Badegewässer und Schwimmbäder.
Keine Gewaltspiele wie *Fußball, Mensch ärgere dich nicht* und *Wattepusten*. Es gilt Helmpflicht rund um die Uhr (Ausnahme: Wer im Doppelstockbett unten liegt, darf ihn nachts abnehmen).

9. Bei Regen sofort alle nach Hause. Bei Schnupfen ebenso. Bei Fieber: Siehe Punkt 4.

10. Die fünf Sicherheits-Tibeter der Ernährung: Kein Weißmehl, kein Fast Food, kein Obst, kein Gemüse, keine Süßigkeiten! Alles gefährlich! Die Faustregel »Cook it, peel it or forget it« gilt direkt nach dem Ortsausgangsschild Hattingen.

11. Jungen, die das Mädchenzimmer nach 17 Uhr betreten, werden sofort vom Hausmeister mit der Rohrzange zeugungsunfähig gemacht.

12. Wenn die Kinder glücklich und zufrieden zurückkommen, heißt das gar nichts! Mindestens fünf Nachbereitungs-Krisenelternabende einplanen!

WARUM AKTIV-ELTERN MANCHMAL NERVEN

DAS GRAUEN IN FUNKTIONSKLEIDUNG

Es gibt Dinge, die sind unausweichlich. Etwa, dass herunterfallende Toastbrotscheiben immer auf der beschmierten Seite landen (was aber auch daran liegen kann, dass ich immer beide Seiten beschmiere). Ein ungeschriebenes Gesetz unseres Familienurlaubs lautet: Wo wir auch hinfahren, Familie Outdoor ist schon vor uns da.

Familie Outdoor, das ist die mustergültige Urlaubsstandardfamilie, wie sie von wirklich jedem Reisebürowerbefoto prangt: Vati wie aus der Nutellafamilie mit Versicherungsvertreter-Hackfresse und Fernglas um den Hals, Mutti mit Markenpoloshirt und Picknickkorb mit lauter gesunden Sachen drin. Dazu Vorzeigekinder, m und w, mit auf frech getrimmten Seitwärts-Föhnfrisuren, die man unter dem vorbildlich sitzenden Fahrradhelm natürlich nur erahnen kann. Alle vier haben anscheinend den ganzen Urlaub nichts anderes zu tun, als vor einem dollen Aussichtspunkt zu posieren und blöd zu grinsen, während Vattern mit ausgestrecktem Arm auf eine überdimensionale Landkarte zeigt. (Was soll dieser obligatorische ausgestreckte Arm eigentlich heißen? A: Schau mal, Sohn, das hier wird alles eines Tages dir gehören, wenn der Bausparvertrag ausläuft. B: Ausländer raus aus dieser schönen Kulisse, aber zackig! C: Hömma, Timo, wenn du nicht gleich 'n Zahn zulegst auf deinem Janosch-Laufrad, lass ich dich am langen Arm verhungern!)

In jedem Urlaub sind sie bereits vor Ort. Egal, ob wir auf Gran Canaria sind oder im Stubaital. Ein bisschen wie in »Fight Club«, wo Brad Pitt den ganzen Film lang vor diesem unheimlichen Typen flieht, nur um herauszufinden, dass er immer schon vor ihm da ist, weil er ja sein Alter Ego ist. Spooky!

Immer, wenn wir uns gerade freuen, dass beide Kinder auf ihren Rollern bis zum Dorfladen gekommen sind, ohne einem den Arm schienen oder das Knie wieder reindrehen zu müssen, und wir uns alle als Belohnung erst mal ein *Magnum Gold* gönnen, hecheln sie auf ihren fiesen MTB-Fullys an uns vorbei: sonnengegerbte Gesichter unter Darth-Vader-artigen Helmen und in diesen neonfarbenen T-Shirts, deren Fähigkeit, Schweiß nach außen zu transportieren, jedem, der in 20 Meter Entfernung steht, aufs Dramatischste gewahr wird und auf denen immer irgendein Scheiß steht wie »Sports Live Santa Monica Champion Airways Winner«. Und weil sie zu blöd sind, den Wetterbericht zu deuten, tragen sie Hosen, die man bei Bedarf mit einem Reißverschluss in Shorts verwandeln kann.

Familie Outdoor steht um sechs Uhr auf; Papa

joggt zum Bäcker und holt für jeden ein Eiweißbröt-chen. Bei einem ausgewogenen Frühstück, für das Mutti schnell ein paar Apfelschalen, Spinatblätter und Haferflocken im mitgenommenen Mixer zer-fetzt hat, wird die schnellste Route auf den 2000er besprochen. Die Kinder reiben sich die Finger mit Magnesia ein und machen am Türrahmen schon mal Klimmzüge. Man hat es eilig, denn man will ja noch vor dem Abendbrot zum Adidas-Outlet-Store radeln. Also schnell die Fahrradtaschen packen: Fla-sche stilles Wasser und etwas Trockenobst. Nach 80 Kilometern steigt man vom Rad – nicht etwa, weil man Hunger hat, sondern weil man die parallel ver-laufende Trimm-dich-Strecke ja nicht ungenutzt lassen will und schnell noch den einhändigen Felgaufschwung an einer morschen Birke perfektio-nieren muss.

Wir dagegen, also Familie Lahmarsch: früh-stücken, was vom gestrigen Fernsehabend übrig geblieben ist: schal gewordene Kartoffelchips, Scho-kopudding mit Sprühsahne. Einer guckt am Laptop, der andere am Tablet, welche Attraktionen in der Nähe sind: Kino? Disney-Store? Kirmes? Bis schließ-lich auf die Frage »Was machen wir denn heute?« zwei Kids unisono schreien: »Och, nööö, nicht schon wieder raus! Wir waren doch erst Mittwoch Minigolf spielen!« Wir überlegen, ob es sich lohnt, mit der Bergbahn zum Alpengasthof hinaufzufah-ren, wo's die geilen Dampfnudeln gibt. Um halb drei müssen wir ja schon wieder zurück sein, da kommt »Schloss Einstein« auf *KiKA*. Wir diskutieren bis 17

Uhr und beschließen: Weggehen lohnt nicht mehr. Immerhin, das Suchen nach dem Zettel vom Lieferservice für diese XXXL-Familienpizza verbrennt mindestens 13 Kalorien pro Person. Survival of the fattest, sozusagen.

Verlaufen wir uns dann doch mal an die frische Luft, ist Familie Outdoor natürlich schon vor uns da. Während wir auf der kleinen Fahrradtour um den See die ganze Strecke nur eins rufen, nämlich: REEECHTS FAHREN! FAHR RE-HECHTS! DAS ANDERE RECHTS! oder auch mal NICHT LINKS FAHREN!, sausen sie wie der Blitz und unter angeberischen »VOOORSICHT!«-Rufen an uns vorbei: Mutter und Vater Courage und ihre Kinder. Die Wortfetzen der mit 60 km/h an uns vorbeibretternden Brut kann man natürlich nur erahnen, aber es ist mit Sicherheit so etwas wie: »Voll krass, die neuen Speedking-Air-Expert-Total-Control-Reifen haben voll den geilen Grip!«

Haben wir uns nach stundenlangem Aufraffen endlich zu einem wanderähnlichen Spaziergang (also 500 Meter und mehr) entschlossen und treiben unsere Ständig-auf-der-Stelle-Stehenbleiber mit einem Megafon an (»GLEICH SIND WIR OOO-BEN! DA GIBT'S AUCH EIN EIS! UND EINE FANTA! UND EIN GLITZER-EINHORN!«), spurtet Familie Armstrong mit fokussiertem Blick an uns vorbei und uriniert profilike während der Fahrt in einen Melitta-Toppits-Beutel.

Nachmittags im Dorfkaffee sitzt die Outdoor-Bagage vis-à-vis und lobt ihre drahtige Fünfjährige, dass sie die Marathonstrecke mit 15 % Steigung gemeistert hat. Zur Belohnung dürfe sie jetzt ausnahmsweise auch eine Apfelschorle, aber mit wenig Saft.

Wir dagegen sind dabei, uns für den Familienkübel After-Eight-Eis einen Satz aus dem Standardargumentationsrepertoire zu picken, das so viele schöne sprachliche Perlen enthält wie: »Na ja, ist ja Urlaub«, »Zu Hause ist auch nicht teurer«, »Die Kugeln sind aber auch echt mini« oder »Wir hatten ja auch kein Mittagessen« (was die wenigsten zu sich nehmen, die erst um 13 Uhr frühstücken, aber egal).

Im letzten Urlaub hatten wir sogar eine verbale Begegnung mit der Ironman-Family. Unser ganz persönlicher Messner-Yeti-Moment. Psychologen sagen ja, man soll die direkte Konfrontation mit der Konfliktquelle suchen und sich seinen Ängsten stellen. So waren wir darauf gefasst, adäquat zu reagieren, als uns Padre Extremsport vor einer Radwegübersichtstafel fragte: »Entschuldigung, seid's ihr schon hoch zum Devil's Trail gefahren? Schafft man das unter zwei dreißig?«

»Hm, nicht unter vier achtzig«, erwiderte ich mit einem Blick auf die Busfahrkarte von letzter Woche und fügte jovial hinzu: »Aber die salzarmen Reiswaffeln auf der Hütte sind echt der Burner.«

DAS MIT DEN BLUMEN UND DEN BIENEN

Es war ein ganz normaler Nachmittag in einer ganz normalen Vorstadt im frühen 21. Jahrhundert. Die Rasenmäher summten, die DHL-Lieferwagentüren knallten, und aus allen Gärten schallte das Geschrei verletzter Kinder, die mal wieder den Sprungbereich des 4x4 Meter großen Außentrampolins verfehlt hatten. Irgendwie hatte ich ja schon immer gewusst, dass dieser Moment einmal kommen würde, in dem die Fakten des Lebens auf den Tisch müssen, aber musste es ausgerechnet dann sein, als ich gerade versuchte, meine erste Makramee-Mütze zu häkeln und nebenher ein fettfreies Keksrezept auszuprobieren? Mein Kind kam mit einer DVD in der Hand in die Küche geschlurft (weiß der Henker, wie es die in die Finger gekriegt hatte!) und fragte mit Rehblick: »Darf ich die gucken, Mama?« Ich schluckte. Irgendwann kommt für uns Eltern die Zeit, in der wir unseren Kids erklären müssen, wo der Hase im Pfeffer wächst. Dieser Moment war jetzt wohl gekommen. Also nahm ich meine Nachkommenschaft bedeutungsschwanger zur Seite. »So, Kind, jetzt hör mal gut zu! Und vor allem: Mach mal die Tür zu.« – »Was ist denn, Mama?«, kam die ängstliche Rückfrage. Kinder reagieren ja oft sehr schnell auf die subtilsten körperlichen Signale wie schweißnasse Achseln, hektische rote Flecken vom Kinn bis zum Ohr und eine Atmung wie Tippi Hedren im Krähenschwarm.

»Ich weiß nicht, wie ich es dir sagen soll, aber ... es gibt da etwas, das du wissen solltest«, begann ich, um einen kumpelhaften, dennoch sachlichen Ton bemüht. »Also, ähm, ... die Biene Maja ... ist eigentlich ... zweidimensional.« Ein irritiertes »Hä?« meines Gegenübers mischte sich in mein erleichtertes »Puh, jetzt ist es raus«.

»Ja, das war eigentlich mal eine ganz normale Zeichentrickserie, die auf einem Buch von Waldemar Bonsels ... Was ein Buch ist? Das führt jetzt zu weit. Jedenfalls hatten wir damals kein dreidimensionales Realitätssurrogat wie das, was du da in der Hand hältst.« Mit demselben beherzten Griff, mit dem Kate Jackson bei den drei Engeln für Charlie dem Gegner immer die Waffe entriss, nahm ich ihr die Special-Edition-Box aus der Hand und brachte sie vorerst außer Reichweite. »Aber der Paul durfte den sogar im Kino sehen!«, kam natürlich sofort der Protest. »Der Paul, der Paul, der durfte ja auch schon mit fünf die Black Mamba im *Phantasialand* fahren und mit zehn alleine von der Schule nach Hause laufen! Vergleich dich nicht immer mit anderen, die sind die und wir sind wir.« Mit diesen Worten legte ich die DVD in den Player. Einmal fühlen wie die Leute von der

Bundesprüfstelle für jugendgefährdende Schriften, die den ganzen Tag Pornos und Ballerfilme gucken, um festzustellen: »Bei 16 Minuten und 12 Sekunden sind die Geschlechtsteile in Großaufnahme! Guck mal, Heiner, lass uns das doch zur Verifizierung noch mal ranzoomen!«

Was sich dann über mir ergoss, versetzte meiner Kindheit den Dolchstoß. Einer Kindheit, deren Soundtrack das Summen der Bienenflügel war, das in der TV-Serie noch durch eine Tonbandaufnahme eines kleinen Elektromotors dargestellt wurde, und die es in zwei Dimensionen gab: Vordergrund und Hintergrund. Du wusstest genau, aha, hier ist die Couch, da bin ich, in der einen Hand ein Raider, in der anderen ein Dreh & Trink, alles klar. Da drüben ist der Fernseher, drei Programme, gerade läuft Kinderstunde, 18:20 bis 18:40, gleich gibt's Toast Hawaii, Mutti hat sich das Rezept von Fernsehkoch Max Inzinger persönlich in einem adressierten und frankierten Rückumschlag zuschicken lassen.

Aber weil unsere Welt ja noch nicht genug blinkt und bimmelt, müssen jetzt auch die guten alten Kinderfilme in die dritte Dimension gebracht werden. Du legst das Ding in den DVD-Player und: WOAH! Über deine Synapsen ergießt sich das überdigitalisierte 3-D-Experience mit zuckenden Bässen, du bist von null auf hundert mittendrin in der Insektenkirmes und denkst: »Wow, das ist so verdammt real, ich bin voll drin in der Story, das ist mein Leben, das ist meine Reality!« Du marschierst mit einer von 18.342 Ameisen im Gleichschritt, links, zwo, drei, vier, die böse Thekla krabbelt dir tief in den Gehörgang, dein Hormonhaushalt ruft: »Hüüü-hüpf«, doch dann merkst du, es ist alles ein überproduzierter Mindfuck, und du hörst Jan Delay so was singen wie: »Hey, Maja, guck mal, die Hornissen! Sag mal, woll'n wir uns verpissen?« Warum muss jetzt so ein »Peek & Cloppenburg«-Anzugrapper daherkommen, der klingt, als hätte er sich zwei Pfund Koks durch die Nasenhöhlen gezogen, und sich artikuliert wie der letzte morgens unter der Laterne eingesammelte Raver von der Technoparty: »*Wicked, wicked, Willi, wicked Willi, boomschakalaka, paff, boom, boom, olé, olé, olé!*« Diese Frage notierte ich sorgsam in mein imaginäres Beschwerdebuch. Was soll das? Früher hat Willi den ganzen Tag inner Tulpenblüte gepennt, heute muss er wohl schon um sieben Uhr morgens zur Drogenberatung.

Wo sind die Menschenrechtler, wenn man sie mal braucht? Gehen wir denn nur noch auf die Straße, wenn wir uns ein neues Ladekabel kaufen müssen? Die Leute in unserem Land diskutieren nur sinnloses Zeug, G 8, G 9, ich sage: Geh weck mit dem Dreck, go away, Jan Delay! Come back, Herr Storeck! Gut, Eberhard »Waaarte, Maja, ich muss noch ein bisschen Pollenklößchen schlabbern!« Storeck weilt inzwischen auf der ewigen Blumenwiese. Aber warum muss man immer alle guten Sachen noch besser machen wollen?

Und wo ist die Titelmelodie? Maja ohne Karel Gott, das ist wie Hanni ohne Nanni. Dick ohne Doof, Samson ohne ... Okay, Tiffy war schon immer scheiße.

Aber der singende Seitenscheitel ist doch einfach unschlagbar. »In einem unbechanten Laaand ...« – das war quasi der gesungene Einbürgerungstest! 1976 haben wir Menschen mit so schlechtem Deutsch einfach aus dem Off singen lassen! Da durften die noch nicht Let's Dance moderieren!

Lasst doch gute Dinge einfach gut. Früher gab es Vanille, Schoko, Nuss, Erdbeer das hat gereicht! Wir brauchten kein Blaubeer-Balsamico-Latte-küsst-Strawberry-Caramel-Crunch-Limette-Sojamilch-Mörtel-laktosefrei für 1,20 € die Kugel – hömma, bis du das bestellt hast, ist die D-Mark wieder eingeführt!

Und überhaupt, was soll dieses idiotische Re-Design? Früher waren Maja und Willi noch pummelig! Die konnten kaum fliegen mit ihrer Plauze, und wenn die auf 'ner Blüte gelandet sind, war Erdbebenalarm auf der Schmetterlingswiese! Jetzt sind Maja und Willi genauso dünn wie das neue Drehbuch. »Huch, die Hornissen wollen das Gelee Royal stehlen, das Elixier der Bienenkönigin – Maja muss einen Krieg verhindern!« Wer soll solche diffizilen Zusammenhänge verstehen, jetzt, wo Peter Scholl-Latour tot ist? Maja und Willi sollen von mir aus dem Tausendfüßler Hieronymus helfen, seine Schuhe zu finden, oder den depressiven Hirschkäfer Alois aufheitern, aber doch bitte nicht auf blauen Avatar-Drohnen durch die Lüfte rasen und einen Topf Gelée royale retten, als gelte es, die heilige Hautcreme von Uschi Glas zu verteidigen!

Warum kann man die Kids nicht erst mal über die einfachen Dinge des Lebens aufklären? Wie viel ist zwei mal vier, wie heißt unsere Außenministe-rin, und wo wohnt eigentlich Papa jetzt? Die Kinder, die so was im Kino gucken, sind doch nicht mal in der Lage, sich eigenhändig ihr Eiskonfekt aus der Packung zu holen, weil sie erst mal 'ne halbe Stun-de versuchen, mit der Schachtel Wi-Fi-Empfang zu kriegen. Oder sie fragen am Ende: »Mama, wann ver-wandelt sich Maja eigentlich in einen sönen bunten Smetterling?« Sorry, aber so was gucken WIR nicht.

»Mama, was hast du denn?«, vernahm ich irgend-wo im Off eine vertraute Kinderstimme. Dann hörte ich das Türschloss und die Rufe: »Papa, Papa, die Mama sagt ganz viele schlimme Wörter und kriegt kaum noch Luft!« Japsend auf dem Verkehrsteppich zusammengekrümmt, hielt ich meinem Gatten die Hand zum »High five« hin und vermeldete kraftlos, aber nicht ohne Stolz: »Das Kind weiß jetzt Bescheid über die Sache mit den Blumen und den Bienen.« – »Okay, aber warum versuchst du hier, mit aller Gewalt die Blue-ray in den DVD-Player zu quetschen?«, kam die wenig beeindruckt klingende Rückfrage. – »Och, hab mich schon gewundert, warum die so hakt. Hat-te sie schon umgedreht, aber die Rückseite ist wohl auch kaputt.«

WIESO ERZIEHUNGSRATGEBER NICHTS NÜTZEN

THEY DON'T NEED NO EDUCATION

Erziehung ist Beispiel und Liebe, sonst nichts«, das hat der Pädagoge Friedrich Fröbel mal gesagt. Sie wissen doch, das ist der, der sich diese komischen Faltsterne ausgedacht hat, die heute noch Tausende von Kindergartenmüttern jeden Advent basteln müssen, damit sie dort für drei Euro das Stück angeboten, aber nicht verkauft werden, weil man dafür ja bei Jako-O ein ganzes Set kriegt.

Dass das mit der Erziehung doch nicht so einfach ist, merkt man schon daran, dass viele von uns schon vor Betreten des Supermarkts den Satz rufen: »Nein, das brauchen wir jetzt nicht!« (Mütter im fortgeschrittenen Fruststadium äußern ihn auch gerne, wenn sie alleine einkaufen.)

Früher hat man noch aus dem Bauch heraus erzogen, so nach dem Motto: »Du räumst jetzt die Puppenecke auf, oder Flipper muss sterben!« Heute gibt uns ein Haufen Erziehungsratgeber detailliert vor, wie wir es bitte schön (nicht) machen sollen.

In *Warum unsere Kinder Tyrannen werden!*

sieht ein Kinder- und Jugendpsychiater den Erziehungsnotstand vor allem darin, dass Mütter ihre größeren Kinder auf dem Kiddyboard am Kinderwagen schieben, statt diese am Gummiarm hinter sich herzuziehen. Mütter haben gefälligst die zwei bis fünf Geschwisterkinder an den Füßen aneinandergekettet hinter sich herzuzerren. Da dauert der Weg vom Supermarkt bis nach Hause nur eine knappe Stunde länger, und man kann sich derweil gut überlegen, wie man den Kinderpsychiater-Bestsellerautor-Papi besänftigt, der mit knurrendem Magen in der Küche sitzt. Wenn unsere Kinder wirklich Tyrannen werden, dann einzig und allein deshalb, weil wir sie »Prunello Celeste« oder »Jetaime Jellanie« nennen und ihnen gelbe Plastikbananenboxen mit in die Schule geben! Die peinlichste und überflüssigste Erfindung der Menschheit! Es weiß doch jeder, dass es in gut sortierten Lebensmitteleinzelhandelsgeschäften mittlerweile geschälte Bananen in mit Frischhaltefolie überzogenen Styroporschalen gibt. Vielleicht liegt die allgegenwärtige Annahme, die Kinder von heute seien nur nichtsnutzige Schreiklumpen, auch daran, dass 99 % der Erziehungsratgeber sich schon im Titel an Frauen richten. Auch wenn immer mehr Papis mit Tragetuch in den Elterncafés herumlungern und Salbe gegen Brustwarzenentzündungen kaufen, Titel wie »Papa, nicht schreien« sucht man vergebens. Wohl, weil die meisten immer noch erst um 18.30 Uhr nach Hause kommen und dann eine halbe Stunde, bevor es ins Bett geht, der beste Papa der Welt sind.

Und dann gibt es noch so schöne durchorganisierte Erziehungsprogramme – so was wie *Weight Watchers*, nur dass hier jeder Teilnehmer auf *einem* Stuhl Platz hat. Das »STEP«-Elterntraining etwa – kam für mich nicht infrage, ich hab's im Knie. Oder das »Triple-P«-Konzept. Wer es nicht mit »Special K« verwechselt und sich morgens in die Müslischale schüttet, findet hier ein *Positive Parenting Program*, bei dem man in Seminaren lernen kann, wie man eine liebevolle Beziehung zu seinem Kind aufbaut. Alternativ kann man auch einfach wieder Batterien in die TV-Fernbedienung stecken.

Sehr praxisorientiert ist auch ein Werk namens »Kess erziehen«, das Eltern rät, die IRIS-Methode anzuwenden, sobald ein Kind störendes Verhalten an den Tag legt: I wie Innehalten und kurz vor der üblichen Strafpredigt »Stopp!« zu sich selbst sagen; R wie Respektieren und versuchen, das Kind zu verstehen; I wie Ignorieren und so wenig wie möglich auf das störende Verhalten eingehen; S wie Selbst handeln und ohne Gezeter die Situation auflösen. Prima Sache, habe ich beim letzten Fehlverhalten sofort angewendet: Ich habe innegehalten und die Yoga-Position »Das altersschwache Erdferkel« eingenommen. Ich habe Respekt gezeigt und gesagt: »Okay, ich sehe total ein, dass deine sozialen Grundbedürfnisse gerade nicht erfüllt sind!«, was natürlich jedes Kind sofort schnallt. Das störende Verhalten habe ich total ignoriert und erst mal drei Folgen *Homeland* geguckt. Erst dann habe ich selbst gehandelt und die Monster-High-Puppen aus dem

Thermomix geholt, bevor der Mahlgang aktiv wurde. Im Prinzip eine super Sache, doch beim letzten inadäquaten Verhalten wusste ich leider die Formel nicht mehr: »ANJA? GABI? IMKE? Scheiße, wie ging das noch mal?« Aber da hatte mich schon eine Oma mit Stola und grauem Dutt mit Kreuzfesselgriff vor die Kirchentür gesetzt, weil ich mein Kind nicht ad hoc mit dem Rohrstock getadelt habe, nachdem es spontan auf der Trauermesse von Onkel Theo »Nackidei, nackidei, alle sind heut nackidei« von Rolf Zuckowski angestimmt hatte.

Ganze Bücherregale gibt es allein zum Thema »Richtige Kommunikation mit Kindern«. Die Sprachentwicklung beim Kind ist ja eine spannende Sache. Erst kommt der Einwortsatz (»Haben!«), dann der Zweiwortsatz (»Haben will!«), später der Dreiwortsatz (»Alles haben will!«) und der Vierwortsatz (»Das esse ich niemals!«). Und schließlich die Krone der Menschwerdung, der Fünfwortsatz mit Komma: »Hau endlich ab, du Honk!«

Mein Fazit: Der Elternratgeber, der wirklich weiterhilft, muss erst noch geschrieben werden. Wie der aussehen müsste? In etwa so:

HERZLICHEN GLÜCKWUNSCH!

SIE HABEN EIN KIND ERWORBEN.

DAMIT SIE LANGE FREUDE DARAN HABEN,
BEACHTEN SIE BITTE DIE FOLGENDEN HINWEISE:

Nutzen Sie auch kleine Zeitfenster, um Schlaf nachzuholen – etwa beim Elternabend, in der Redaktionskonferenz oder beim Sex.

• • • • • •

Ein Kind muss nie auf die Toilette. Nur um 18:30 Uhr in der Schlange im Supermarkt. Und im Stau am Brennerpass.

• • • • • •

Um dem Kind einen artgerechten Unterschlupf zu gewähren, polstern Sie am besten einen Altglascontainer am anderen Ende der Stadt mit Schaumstoff aus.

• • • • • •

Kaufen Sie Ihrem Kind nur bruchsicheres Spielzeug. Ansonsten kriegt es die Sachen des kleinen Bruders damit nicht kaputt.

Schauen Sie genau zu, wenn Ihr Kind schläft.
Sie werden es nie inniger lieben, als wenn
es atmet, aber nicht redet.

· · · · · ·

Ein Kind isst alles. Wirklich alles. Solange Sie
zwei Esslöffel Nutella und einen Berg bunte
Streusel drüberschütten.

· · · · · ·

Kommunizieren Sie stets mit kurzen,
knappen Sätzen: »Schuhe aus, Jacke an,
Waffe weg!«

· · · · · ·

Grobe Ablagerungen müssen mit
dem Dampfstrahler entfernt werden.
Ab ca. 12 Jahren stellt sich der
Selbstreinigungseffekt ein.

· · · · · ·

Machen Sie Ihrem Kind die Hausaufgaben.
Das ist falsch, erspart Ihnen aber eine Menge
Stress.

· · · · · ·

Nehmen Sie stets einen Erziehungs-
ratgeber-to-go mit: Schreiben Sie auf
einen Zettel »Sei kein Arschloch!«
und stecken Sie diesen in eine Bananenbox.

BONUSKAPITEL: WIE UNS KLEINE TIERE DAS FÜRCHTEN LEHREN

VON LÄUSEN UND MENSCHEN

Es gibt Situationen für Eltern, da muss man einfach cool bleiben. Nachts um drei mit quietschenden Reifen und hoch fieberndem Kleinkind vor der Notaufnahme im Halteverbot parken: Kinderspiel.

Stundenlang auf Knien das fehlende 500. Puzzleteil suchen – aber gerne, mein Schatz. Und wenn zwei Polizisten an der Tür klingeln und sagen: »Schönen guten Tag, wir müssen Ihnen leider mitteilen, dass Ihr Sohn Finian-Maxwell einen Audi Q3 geknackt hat und anschließend mit 170 Sachen über die A 1 gebrettert ist, bis das Fahrzeug schließlich vor dem Tiefkühlregal einer LIDL-Filiale zum Stehen kam« – dann lautet die richtige Antwort: »Klasse, hat er wenigstens an die Pizza Ristorante gedacht?«

Erziehungsexperten, die ja immer mantrahaft für mehr Gelassenheit plädieren, könnten also allen Grund zur Freude haben. Wäre da nicht eine klitzekleine Sache, die mit bloßem Auge kaum sichtbar ist, die aber aus den gechilltesten Laisser-faire-Eltern panikzerfressene Monster macht: *Pediculus humanus capitis*. Unerschrockene sagen dazu auch Kopflaus.

Die Sechsbeiner haben quasi der Stadttaube in Sachen Ekelfaktor den Rang abgelaufen, obwohl auch diese ja ein harmloses Geschöpf ist. Oder hat schon mal jemand gehört, dass ein Kind nicht in den Kindergarten konnte, weil »der Zacharias-Kilroy gestern eine Taube angefasst hat und jetzt todkrank ist«?

Trotzdem hält sich vor allem unter Eltern, die ihren noch nicht mal einjährigen Steppkes schon mit Sagrotan angereichertes Handwaschgel verabreichen, das hartnäckige Gerücht, bestimmte Kreaturen seien *animalie non grata* – und da ist die Laus ganz vorne dabei: Ausgewachsene aufrecht gehende Lebewesen begeben sich regelmäßig an den Rand der Verzweiflung, wenn sie hören, dass ein Bekannter einer Freundin eines Arbeitskollegen Kontakt mit einer Familie hatte, denen vor zwei Jahren mal eine Laus über die Frisur spaziert ist.

Menschen, die sich im Hafenrestaurant lebende Austern in den Schlund schütten, erstarren zur Salzsäule, sobald im Schulbrief steht: »Bitte kontrollieren Sie Ihre Kinder auf einen möglichen Befall.«

Auch wenn die Deutsche Peduculosis Gesellschaft e. V. deutlich darauf hinweist, dass ein solcher Fall nichts mit mangelnder Hygiene zu tun hat, und unter dem Punkt »Reinigung der Umgebung« nur bemerkt: »Lassen Sie das bleiben«, wird so manches Kleinfamilienheim schon beim bloßen Verdacht auf Haupt-Mieter zum Sperrgebiet.

Das kleine Schwarze ist quasi die Strafe Gottes für alle Eltern, weil sie den Planeten mit weiterer Erdenbürgern belasten. Manche stoßen schon spitze Schreie aus, wenn sich ein Zweitklässler am Kopf kratzt, dabei versucht dieser nur zu verstehen, wieso man »Auto fahren« getrennt und »eislaufen« zusammenschreibt.

Und auf Kindergeburtstagen kann man ordentlich Stimmung in die Hütte bringen, wenn man kleine schwarze Papierschnipsel in eine Streichholzschachtel legt und laut singt: »I wanna scream and shout and let it out«.

Bis man dem Tierchenthema entspannt begegnet, ist es wohl noch ein langer Weg. Wir brauchen da ein systematisches Umdenken. Solange die Gesellschaft noch schweigend zuschaut, wenn sich auf offener Straße Dialoge abspielen wie: »Mein Titus ist gestern von einem Auto angefahren worden, schweres Schädel-Hirn-Trauma, beide Beine gebrochen und Brustkorb zerquetscht.« – »Das ist doch GAR NICHTS, unsere Estefanie-Florence hatte Läuse!«, wird es jedoch wohl weiterhin ein Dutzend Kopfkino-Fälle brauchen, bis wir einsehen: In Massen auftretende Parasiten und Blutsauger, die nur schwer unter Kontrolle zu bringen sind, das sind eigentlich wir Eltern.

DIE DREI PHASEN
DER LÄUSE-ESKALATION

PHASE I: DAS ERSTE MAL LÄUSE

- Lautstark im Elterngrüppchen diskutieren, wer die Tierchen eigentlich angeschleppt hat: »Das war mit Sicherheit der Nolan, dessen großer Bruder hat doch Dreadlocks.« Oder: »Jaja, bei den Lüdermanns mit ihrer grenzenlosen Tierliebe wird bestimmt nicht so genau hingeschaut!«

- In der Apotheke zum Preis eines zweiwöchigen All-inclusive-Urlaubs eine Großpackung »Power-Destroyer!« kaufen, alle Familienmitglieder sowie entfernte Verwandte und Nachbarn sorgsam damit behandeln und unter einer fünf Zentimeter dicken Schicht Alufolie zwei Tage einwirken lassen.

- Handtücher, Bettwäsche und sämtliche Kleidung bei 90°C plus Hygieneklarspüler waschen.

- Alle Stofftiere sechs Monate in den Gefrierschrank stecken. Ja, AUCH DAS NILPFERD!

- Möbel mit Essigwasser auswischen und den Kammerjäger kommen lassen.

- Kind vorsorglich zwei Wochen aus der Kita nehmen und ihm einbläuen: »Wenn einer fragt: Du warst er-käl-tet!«

- Alle 20 Minuten mit zitternder Unterlippe den Satz wiederholen: »Wir werden das hier überstehen, wenn ihr GENAU DAS TUT, was ich sage!«

- Im Darknet ein Leuchtspray bestellen, mit dessen Hilfe man Tiere und Brut besser erkennen kann, und es sich in einem neutralen Karton schicken lassen.

- Auf YouTube faktenbasierte Videos von Hobbykellerexperten anschauen, die warnen, dass die Welt nichts anderes ist als ein mit aufgekratzten Schädlingsbissen gesprenkelter Schädel eines Riesen.

- Mit Flatterband eine Absperrung um das Eigenheim anbringen und Warnschilder sowie Lebendfallen aufstellen.

- Bis zur Besinnungslosigkeit kreischen, sobald ein Körnchen Hagelzucker (eine Nisse!!!) oder eine Kaper (ein adultes Weibchen!!!) auf dem Esstisch landet.

- Vorsorglich Kommunion, Konfirmation und Abi-Feier absagen.

- Zum Kinderarzt gehen, der in Ganzkörperschutzkleidung drei Haarsträhnen anguckt und anschließend für 10 Euro ein Attest ausstellt.

- Kampfsport erlernen, falls irgendetwas überlebt hat.

- Die nach 8–10 Tagen nötige Folgebehandlung verpassen und die oben genannten Schritte wiederholen.

PHASE 2: DAS ZWEITE BIS ELFTE MAL LÄUSE

- Kinder mit Popcorn vor den Fernseher setzen, »Das große Krabbeln« einschalten und Nissen mit einer handelsüblichen Haarspülung auskämmen.

- Allenfalls das Kopfkissen und getragene Kleidung waschen. Oder sagen wir: Ausschütteln reicht.

- Laut vor dem Spiegel sagen: »Wir haben Läuse, und es ist okay!«

- Ein paar ausgekämmte Exemplare mit ein paar Haarbüscheln in ein Schraubdeckelglas sperren und tabellarisch Nahrungsaufnahme und Paarungsverhalten dokumentieren.

PHASE 3: AB DEM ZWÖLFTEN MAL LÄUSE

- »Wie, Läuse in der Kita? Dann setz dir halt 'ne Mütze auf.«

PHASEN-QUICKCHECK

Was sehen Sie hier?

•

1) »KILLERLÄUSE, WAAAH, MACH DIE EINER TOOOT!!!«

2) »Eine 7–10 Tage alte Nymphe, die offenbar schon mehr als 2 Tage von ihrem Wirt getrennt lebt.«

3) »Upsi, mal wieder über dem Buch ein Körnerbrötchen gemümmelt.«

SEELENSTRIP IM SAUERLAND

Wenn man sich als Frau im mittleren Lebensalter so im Spiegel anschaut, kann es schon mal vorkommen, dass man Gedanken hat wie: »Was hat DICH eigentlich kaputtgemacht?« Meine persönlichen Antworten lauten dann: Zu wenig Schlaf. Zu viel gesättigte Fettsäuren. Und die Mutter-Kind-Kur letztes Jahr.

»Auftanken für den Alltag« – so stand es in dem Prospekt einer Aufladestation für Ausgepowerte im Sauerland. Ich stehe ja nicht so auf Reiskörnerzählen und Mentalgymnastik, aber die Tatsache, dass die Einrichtung nur eine Autostunde vom Ruhrgebiet entfernt war, reichte mir als Grund, mal ein bisschen Abstand vom Alltag zu wagen. Leider war mein Energierückgewinnungsprojekt nur semierfolgreich, wie mir das Kur-Tagebuch, das mir neulich mal wieder beim Ausmisten in die Hände fiel, auch heute noch schmerzlich vor Augen führt.

WOCHE I

Ich biege in die Einfahrt einer ehemaligen Kaserne im Niemandsland ein, und mir wird klar: Wer hierherkommt, um sich zu erholen, der hat mit seinem Leben bereits abgeschlossen.

Mit zwei Kindern, vier Reisetaschen und ohne das jetzt schon schmerzlich vermisste Lieblingskuscheltier schließen wir das Zimmer auf: Oha.

Grau-weiß melierter PVC-Fußboden, bei dem man mit bloßem Auge die seit Jahren auf dem Belag klebenden Kaugummis kaum erkennen kann. Abgeranzte Schränke mit darin befestigten Kleiderbügeln, die den Gast nicht gerade mit einem Vertrauensvorschuss ausstatten.

Ich suche in der Tür nach dem Gitter, wo jeden Morgen Gesichtskontrolle und Essensdurchreichung stattfinden. Aber da hallt schon eine Aufforderung, sich in den nächsten 15 Minuten in den Speisesaal zu begeben, aus dem Flurlautsprecher.

Eine laut schimpfende Frau schleppt ihre Kinder am langen Arm über den Linoleumfußboden. Ein Teil von mir hat Mitleid mit den Kleinen. Ein anderer freut sich, dass andere Eltern es noch schlechter im Griff haben.

In einem ockerfarbenen Speiseraum mit dem Charme eines Garni-Hotels am Herner Hauptbahnhof wird klar, dass wir alle mit falschen Tatsachen gelockt wurden: Gemeinsam mit den Kindern essen – das stand so nicht im Prospekt! So wechseln rhythmisch Fürbitten wie »Aminata, nur eine halbe Erbse, ja?« mit verzweifeltem »Nein, Daktylus, es gibt hier kein Happy Meal«.

Ab 22 Uhr ist Nachtruhe, was zur Folge hat, dass bis 0.45 Uhr über die Flure gebrüllt wird: »LEI-SE, ES IST NACHT-RU-HE!«

SONNTAG

Nach dem Frühstück ist Hofgang. Die allesamt über mangelndes WLAN maulenden Kinder werden in Gruppen eingeteilt und abgeführt. Gleichermaßen erfreut wie verängstigt über die Tatsache, dass der Nachwuchs nun fremdbetreut wird, formiert sich der Rest zu einem Stuhlkreis.

Da sind wir Mütter also. Wir, die schon alles konsumiert haben, was der Markt zu bieten hat: Baby-Messen, Erziehungs-Workshops, Mai-Tai-Flatrates. Und alle haben wir irgendwie im Gesicht stehen: Wenn das hier nicht hilft, dann nehme ich eine Überdosis Sanostol.

»Stellen Sie sich doch am besten mal kurz vor«, lässt die resolute Institutsoberin verlauten. Eine hat vier Kinder und einen Job. Eine andere drei Jobs und zwei Kinder, aber keinen Mann. Eine weitere hat einen Geronimo mit Glutenunverträglichkeit und lässt jetzt schon mal wissen, dass sie die drei Wochen nur bleibt, wenn das in der Mensa berücksichtigt wird. Wir hoffen alle, dass das nicht der Fall ist.

Gerade, als ich denke, dass es ja wieder mal typisch ist, dass nur ausgemergelte Mütterhüllen hier sitzen, stößt ein Nachzügler dazu: ein blond zerzauster Jüngling mit einem schelmischen Grinsen zwischen Samu Haber und dem Kinderschokoladen-Konterfei. Er trägt eine Baumwolltasche mit bunten Elefanten über der Schulter, stellt sich als »der Tonda« vor und berichtet tapfer von seinem Schicksal. »Ich mache freitags jetzt immer 15 Minuten eher Schluss, um meinen Junior von der Kita abzuholen. Das ist eine enorme Belastung und hat die Grit und mich letztlich auseinandergetrieben.«

18 Frauen starren ihn mit offenem Mund an, ein Drittel davon hat bereits ein Tempo gezückt.

Ich bin an der Reihe, sage aber nichts – aus Angst vor dem Satz: »Danke, dass du das mit der Gruppe geteilt hast!«

MONTAG

Auf einer großen Tafel im Eingangsbereich kann man sich in die passenden Aktivitäten eintragen: alleinerziehend mit Neurodermitis, spätgebärend mit Frühgeburt, Akademikereltern mit entwicklungsverzögertem Sandwichkind. Die Kombi »verheiratet, zwei Kinder, Teilzeithysterikerin« finde ich nicht. Gehe darum mit Earpods im Wald spazieren und verliere nach 30 Minuten die Orientierung. Kurz vor Einbruch der Dunkelheit bringt mich ein Forstarbeiter auf seinem Nutzfahrzeug wieder zurück.

DIENSTAG

Da das Schwimmbad direkt nebenan und auch für mich auffindbar ist, gehe ich zur Aquagymnastik. Wir zwängen unsere After-Baby-Bodys in rüschenbesetzte After-Season-Einteiler, joggen in knietiefem Wasser zu Eurodance-B-Seiten und biegen vor der Brust Poolnudeln zu Hufeisen, weil wir aus lauter Dankbarkeit, dass wir das Becken mal nicht mit Schwimmwindelträgern teilen müssen, zu jeder Erniedrigung bereit sind.

MITTWOCH

Leider war nur noch der Kurs »Richtig essen« frei. Eine Ökotrophologin erklärt, dass alle Probleme, die wir haben, auf falsche Ernährung zurückzuführen sind. Ich befürchte Rezepte für Algen-Flohsamen-Salat. Aber es kommt noch schlimmer: Sie versucht es mit Schmunzelsprüchen wie »Man kann alles essen, was man will. Man darf es nur nicht hinunterschlucken«.

DONNERSTAG

Ich sitze in der Cafeteria und versuche, mich mit Kirsch-Streusel wieder in einen lebensbejahenden Zustand zu beamen. Leider setzt sich direkt ein breit grinsender Tonda zu mir: »Darf ich mich mit meinem Vanillepudding zu dir gesellen? Ich muss nämlich gestehen, ich bin Deserteur.« »Sorry, war gerade fertig«, stammle ich, »ich muss jetzt zum Kurs ›Bekloppte-Essenssprüche-verstehen für Anfänger‹«.

FREITAG

In einem Zeitmanagementkurs erklärt uns ein junger Heini mit Fielmann-Brille, dass alle Probleme, die wir haben, darauf beruhen, dass wir unseren Tag falsch strukturieren. Er malt ein wirres Schaubild auf ein Flipchart, auf dem ganz oft die Wörter »Ressourcen«, »Veränderungswiderstand« und »Komfortzone« stehen. Auf unseren Einwand, dass wir keine Firmen verschlanken, sondern einfach nur pünktlich beim Schwimmkurs sein wollen, erwidert er sehr lösungsorientiert: »Ja gut, dann stehen Sie einfach zwei Stunden früher auf.«

SAMSTAG

Endlich Samstag. Disco-Abend! In der Aula hängen zwei bunte Wimpelgirlanden. Es gibt Cracker, Käsewürfel und Weintrauben. Eine Handvoll Frauen wagt sich zögerlich auf die Tanzfläche und bewegt sich traurig zu *Beds Are Burning*. Die Handys baumeln am Gürtel oder in der Bauchtasche, falls ein Stockwerk höher mal was ist. Einige haben eine kleine Handtasche dabei, die sie auf der Tanzfläche abstellen und darum herumtanzen. Dann geht die Tür auf, und ein »Out of bed«-frisuriger Tonda kommt herein. Spektakulärer kann es nicht gewesen sein, wenn John Travolta in den 70ern ins Studio 54 kam: Es bildet sich eine Gasse, man reicht ihm Schaumwein und Kernobst und wuselt ihm vertraut durchs Haar. Als *It Must Have Been Love* ertönt, fängt er an zu weinen, denn »das war immer unser Lied«. Alle

Muttis bringen ihn daraufhin auf sein Zimmer, und ich wollte eh gerade gehen.

SONNTAG

Der Tag nach der Party. Alle hängen in den Seilen, weil niemand es gewohnt ist, eine ganze Dose Himbeer-Prosecco zu trinken und bis 23 Uhr aufzubleiben. Während die anderen sich streiten, ob man die im Keller aufgestellte Waschmaschine sonntags benutzen kann und wenn ja, in welcher Reihenfolge, schiebe ich mich unbemerkt durch und schmeiße als Erste eine Buntwäsche an. Ich erkenne für 3,50 Euro die tiefere Wahrheit, dass die rotierende Trommel ein Sinnbild für mein permanentes Gedankenkarussell ist: Drei Stunden lang wird alles hin und her gerüttelt, aber die Scheiße will einfach nicht weggehen.

WOCHE 2

MONTAG

Der lang ersehnte Ausflugsnachmittag zur freien Verfügung steht an. Ein Kleinbus-Shuttle bringt mich und vier andere Muttis in die Innenstadt. Diese besteht aus einer Eisdiele, einem Handyshop und einem Textildiscounter. Wir kaufen wie im Rausch Söckchen, Lätzchen und hässliche Disney-T-Shirts, während wir uns gegenseitig eifrig versichern, wie toll es doch ist, endlich mal was für uns zu tun.

DIENSTAG

Sitze im Entspannungskurs auf einem Hopsball ohne Hörner.

Eine Referentin mit sehr ruhiger Stimme und sehr farbenfroher Kleidung befindet, dass alle Probleme, die wir haben, auf ständige Angespanntheit zurückgehen. Sie sagt: »Meine Beine werden schwer«, und dann werden unsere Beine schwer. Dann: »Meine Arme werden schwer«, und unsere Arme werden schwer. Sie sagt nicht: »Du fällst jetzt vom Ball runter«, aber ich tue es trotzdem.

MITTWOCH

Ich trage Fantasienamen in die ausgehängten Listen für Korbflechten und Klangschalenkneten ein. Als ich mit Kaffee und Keksen auf der Parkbank gesehen werde, sage ich leicht enttäuscht: »Tja, Pech, alle Kurse heute leider schon voll.«

DONNERSTAG

Sitze beim Psycho-Kurs II im Kreis mit den anderen um eine Packung Kleenex. Ein Referent mit fettigen Haaren und Cordhose erklärt, dass alle Probleme, die wir haben, auf verdrängte Kindheitstraumata zurückzuführen sind, und drückt jedem eine Farbpalette in die Hand. Ich zeichne aus dem Gedächtnis eine komplette Schöller-Eiskarte von 1977 nach, was mir zeigt: Ich bin offenbar emotionale Esserin und lebe zu sehr in der Vergangenheit.

FREITAG

Meine Restenergie reicht nur noch für einen pädagogischen Bastelworkshop. »Kreieren Sie mit Naturmaterialien ein Objekt, das die Beziehung zwischen Ihnen und Ihrem Kind widerspiegelt«, sagt eine junge, extrem motivierte Soz-Päd-Studentin. Manche arrangieren eifrig Trockenblumengestecke, andere schlagen auf einen Stein ein. Ich höhle einen gammeligen Kürbis aus, der meine innere Leere symbolisieren soll. Sie gibt uns den Rat, unseren Kindern mehr Kreativität im Alltag zu ermöglichen. Ich fühle mich nicht angesprochen, schließlich malen sie seit der Ankunft mit Nagellack eine Strichliste der verbleibenden Tage an ihr Doppelstockbett.

Eine Rhetorikexpertin erklärt, dass alle Probleme, die wir haben, auf der falschen Kommunikation mit unseren Kindern beruhen. Sie veranschaulicht, dass man immer klar sein und das Kind nicht mit Fragenkatalogen bombardieren sollte: »Sollen wir auf den Jahrmarkt oder zum Minigolf oder eine Vogelfutterstation aus Tetrapaks basteln, oder möchtest du jetzt ein bisschen Me-Time?« Das würde vor allem Kinder unter 10 Monaten überfordern. Ich werfe spontan eine Frage in die Runde: »Sehr interessant, aber sollen wir das mitschreiben, abfotografieren, nachtanzen, oder laden Sie gleich noch alles auf die Dropbox?«

Wir sitzen lustlos im Aufenthaltsraum und spielen 17 Runden »Wer bin ich?«. Es entbehrt nicht einer gewissen Tragik, dass Menschen, die nichts wollten als Leben schenken, nur kurze Zeit später in einer abgewetzten Couchgarnitur versinken und einander mit bunten Klebezetteln auf der Stirn fragen: »Bin ich schon tot?« Eine kommt selbst bei den Hinweisen »Homer«, »USA« und »gelb« nicht darauf, dass sie Marge Simpson sein soll. Eine andere fragt: »Jon Bongiovi? Ist das nicht ein Auto?« Ich komme zu dem Schluss, dass alle Probleme, die ich habe, darauf zurückzuführen sind, dass Mord an anderen Kurgästen laut Hausordnung ausdrücklich verboten ist.

WOCHE 3

MONTAG

Auf Flur A sind Motto-Wochen: »The Return of the Magen-Darm-Virus«. Die Lehrkraft, die mit den Kindern den verpassten Schulstoff durcharbeiten soll, hat auch Brechdurchfall. Wer die Möglichkeit hat, so heißt es, soll auf dem Zimmer bleiben und die Kinder selbst anleiten. Wir spielen »Ich sehe was, was du nicht siehst, und das ist ... vollgekotzt und nur notdürftig im Handwaschbecken sauber gemacht« auf Englisch und üben anhand der am Boden klebenden Kaugummis Addition im Zahlenraum 1–20.

DIENSTAG

Alle gehen maximal bis zur Zimmertür, um den vom Personal bereitgestellten Zwieback und Kümmeltee aufs Zimmer zu holen. »Au fein, Malpapier!«, hört man Kinderstimmen, die sogleich die mitverteilten Klopapierrollen unter sich aufteilen.

MITTWOCH

Ein weiterer Ausflug in die Stadt wird angeboten, wo ein neuer Waschsalon eröffnet hat. Es gibt Gerangel um die letzten Sitzplätze. Ich bleibe hier, bitte aber darum, dass man mir Migränetabletten mitbringen möge. Psycho III und Trauma-Töpfern IV werden ersatzlos aus dem Kursplan gestrichen. Die Kinder studieren dafür bis 1 Uhr morgens auf dem Flur eine Choreo zu *Ein Stern (... der deinen Namen trägt)* ein. Ich habe genug Tabletten genommen, um im Takt meinen Kopf gegen die Wand zu klopfen.

DONNERSTAG

Im Büro bekommen wir unsere Unterlagen ausgehändigt. Eine fröhliche Halbtagskraft fragt mich: »Und, welche Erkenntnisse nehmen Sie jetzt mit nach Hause?« – »Na ja«, resümiere ich, »ich habe gelernt, dass ein Haus, in dem Mütter und Kinder zur Ruhe kommen, an sich eine super Idee ist. Es kann einfach ein beliebiges Haus sein, in dem sich Mütter und Kinder aufhalten können. Nur nicht gleichzeitig.«

FREITAG

Abschlussabend im Garten. Es werden Fotos gemacht, Telefonnummern getauscht und Freude vorgeheuchelt, als die Kinder mit selbst gehäkelten Mützen zu DJ Ötzi performen. Dann hält die Oberin eine Rede darüber, wie wir die Wiedereingliederung in die Gesellschaft am besten schaffen.

Ich habe die Vermutung, dass sie uns jetzt dazu aufrufen wird, unsere Wünsche auf kleine Zettel zu notieren und diese feierlich in brennenden Holzfackeln in den Himmel steigen zu lassen. Darum stürme ich auf die Bühne und entreiße ihr das Mikro, um das Ganze abzukürzen:

»Liebe alle«, beginne ich forsch, »was haben wir in den vergangenen drei Wochen doch geweint, gelacht und nicht geschlafen! Jetzt sind wir wieder auf uns selbst angewiesen. Darum lasst uns nicht vergessen: Wir versuchen doch alle nur, aus der Zeit, die wir haben, das Beste zu machen. Jede auf ihre Weise, manche besser, manche schlechter, aber wer hat das Recht, das zu beurteilen? Niemand muss sich schämen, niemand muss sich rechtfertigen. Und niemand sollte um seine Handtasche herumtanzen müssen.«

Alle schluchzen hemmungslos. Allerdings nicht wegen meines spontanen Emo-Ausbruchs, sondern weil Tonda seine Kontaktdaten nicht rausrücken mag (»Sorry, das ist mir jetzt zu touchy.«).

SAMSTAG

Auf der Rückfahrt merke ich auf einmal ein nie gekanntes Ruhegefühl in mir aufkommen. Es liegt wohl daran, dass der Autobahnabschnitt, auf dem ich gerade im Stau stehe, Flüsterasphalt hat. Drei Stunden später erwartet mich mein Mann mit stolzgeschwellter Brust: »Da bist du ja. Ich war auch nicht untätig. Guck mal hier, ich habe immerhin den Staubsaugerbeutel gewechselt und die Kaffeemaschine entkalkt!«

»Boah«, verleihe ich meiner zügellosen Bewunderung Ausdruck, »dann kannst du ja gleich morgen eine Kur beantragen.«

Jetzt aber:

SCHLUSS. AUS. ENDE.

Ja, guuut, dann suchen Sie sich halt einen Schluss aus.

DIY-ENDE FÜR BASTELMUTTIS

Prickeln Sie das Ende Ihrer Wahl aus, häkeln Sie es mit Serviettenleim auf eine Faultierlaterne, und beklagen Sie sich anschließend, dass Sie zu nix kommen.

DAS SKETCHUP-ENDE

Er: Lass uns zusammenbleiben, allein schon wegen der Kinder.

Sie: Wir haben doch gar keine Kinder.

Er: Eben.

Das Conni-Ende

Oh, fein, das Buch ist zu Ende!
Komm, Jakob, lass uns lieber draußen
spielen, das ist gesünder!

Das Intellektuellen-Ende

Der Vorhang zu und alle Fragen offen: Warum kommt manchmal stundenlang kein Bus und dann drei hintereinander? Warum kotzen Kinder nie auf einen dreckigen Fußboden? Und wer hat denn nun eigentlich den Keks aus der Dose geklaut?

Das Mutti-Ende

Sooo, jetzt haben wir gaaanz viel Spaß gehabt, aber jetzt wacker: Buch zu. Hände waschen. Abmarsch.

DAS MUPPETS-ENDE

Statler: »The question is: What is a Mahna Mahna …?«
Waldorf: »The question is: Who cares?«

Das Kinder-Ende

»Mamiiii! Ich bin noch nicht müde! Noch mal von vorne!«